COLEÇÃO **MASCARENHAS** PARA VIOLÃO

PRIMEIROS ACORDES ao VIOLÃO

Método **PRÁTICO**

Elaborado pelo Prof.: **OTHON G. R. FILHO**

Nº Cat.: 297-M

Irmãos Vitale Editores Ltda.
vitale.com.br
Rua Raposo Tavares, 85   São Paulo SP
CEP: 04704-110   editora@vitale.com.br   Tel.: 11 5081-9499

© Copyright 1976 by Irmãos Vitale Editores Ltda. - São Paulo - Rio de Janeiro - Brasil.
Todos os direitos autorais reservados para todos os países. *All rights reserved.*

Dados Internacionais de catalogação na Publicação (CIP)
(Câmara Brasileira do Livro, SP, Brasil)

Rocha Filho, Othon Gomes da
Primeiros acordes ao violão : método prático / elaborado pelo prof. Othon G. R. Filho --
-- São Paulo : Irmãos Vitale, 2000. --
(Coleção Mascarenhas para violão)

1. Música - Estudo e ensino 2. Violão - Estudo e ensino I. Título. II. Série.

ISBN: 85-7407-091-2
ISBN: 978-85-7407-091-9

00-1577   CDD-787 . 8707

Índices para catálogo sistemático:
1. Violão : Estudo e ensino : Música 787 . 8707

PREFÁCIO

Aqueles que se propõem a fazer o estudo prático do Violão para acompanhamentos, deparam quase sempre com um problema que é a diversidade de nomenclatura ou cifragem dos acordes, surgindo daí, divergências e dificuldades de entendimento entre os que aprenderam por diferentes processos. Por isso, pensamos agora em elaborar este pequeno método «PRIMEIROS ACORDES AO VIOLÃO» que, além de ensinar, dá aos principiantes e mesmo aos avançados neste estudo, a oportunidade de conhecer, comparar, e caso queiram, assimilar os vários processos mais comuns. É lógico que, em primeiro lugar, o estudante deverá, de pleno acordo com o seu Professor, escolher apenas um dos processos para nele apoiar ou basear a sua aprendizagem inicial. Posteriormente, dentro das suas possibilidades e adiantamento, irá aos poucos comparando e assimilando os outros processos, não sendo isto obrigatório, mas sim, aconselhável.

Quanto aos Sinais de Alteração (♯ — sustenido e ♭ — bemol), preferimos usá-los respectivamente de acordo com a Tonalidade, isto é, Tons em Sustenidos com ♯ e Tons em Bemois com ♭. Além de ser mais correto, isto ambientará o aluno com os Tons denominados Enarmônicos (de nomes diferentes, mas com o mesmo som) e o habilitará a interpretar, sem problemas, as cifragens ou nomenclaturas que comumente aparecem nas partituras modernas de vários instrumentos, como — piano, acordeon, etc.

Com relação aos Acordes, procuramos apresentá-los acompanhados de esquemas práticos de suas formações, assinalando inclusive nos seus gráficos de posições, as notas dissonantes (caso o acorde seja Dissonante) para dar ao estudante maior conhecimento dos mesmos e, conseqüentemente, a compreensão necessária para uma boa aprendizagem.

Nos **Anexos** que constam nas páginas finais, incluimos algumas considerações sobre Ritmo e Compasso, Formação dos Tons ou Tonalidades, Intervalos e Formação dos Acordes. Embora os que pretenderem um estudo estritamente prático e rápido, possam, inicialmente, não se interessar por esta parte, achamos por bem incluí-la justamente pela sua importância na formação de um bom Violonista, assim como, uma ajuda aos que por qualquer circunstância, não conseguirem a assistência indispensável de um Professor.

Cabe lembrar aqui que, por se tratar de um método básico, os assuntos, embora extensos, foram abordados de modo bastante reduzido e simples. Por isso, deve o aluno acostumar-se a ler e reler periodicamente as explicações, assimilando-as aos poucos, e enquanto isso, poderá ir praticando os Tons que se encontram a partir da página 18.

A apresentação dos Tons, está de acordo com a ordem em que eles são estudados na Teoria Musical, mas, nada impede que esta ordem seja alterada para que se possa dar preferência aos Tons mais fáceis ou mais usados no Violão.

OTHON G. R. FILHO

ÍNDICE

	PAGS.
Prefácio	3
Nomenclatura Externa do Violão e Dedilhação	7
Posições Corretas (do corpo e do instrumento)	8
Afinação	11
Cifra (Cifragem das Notas e dos Acordes)	11
Pequenos Quadros do Braço do Violão	13
Gráficos, Posições e Sinais de Execução	14
Recomendações Importantes — Cuidados com o Violão	15
Tons Relativos (tabela)	15
Como Praticar os Tons (Gráficos das Seqüências)	17
TONS MAIORES E MENORES (posições dos Acordes Principais):	
Dó Maior e Lá Menor	18
Sol Maior e Mi Menor	20
Ré Maior e Si Menor	22
Lá Maior e Fá ♯ Menor	24
Mi Maior e Dó ♯ Menor	26
Si Maior e Sol ♯ Menor	28
Fá Maior e Ré Menor	30
Si ♭ Maior e Sol Menor	32
Mi ♭ Maior e Dó Menor	34
Lá ♭ Maior e Fá Menor	36
Ré ♭ Maior e Si ♭ Menor	38
Sol ♭ Maior e Mi ♭ Menor	40
Ritmos Diversos (observações)	42
Ritmo, Compasso, Contagem dos tempos e meios tempos	43
Sinais Convencionais para estudo dos Ritmos	44
Formação das Escalas Maiores e Menores	48
Tons (ou Tonalidades) — Composição dos Tons	48
Quadro Prático dos Intervalos	50
Formação dos Acordes mais comuns (exemplos)	52
Acordes Dissonantes (Análise e Emprego)	53

	(Cifragens)	PAGS.
Acordes Dissonantes (Posições e Esquemas de Formação):		
Acorde (Maior) com 5ª aumentada	(+5)	55
Acorde (Maior) com 7ª menor e 5ª aumentada	$(^{+5}_{7})$	56
Acorde (Maior) com 6ª maior	(6)	57
Acorde (Maior) com 7ª maior	(7 M)	58
Acorde (Menor) com 6ª maior	(m 6)	59
Acorde (Menor) com 7ª diminuta (Observações)	(d ou º)	60
Acorde (Menor) com 7ª Diminuta (posições)		61
Acorde (Menor) com 5ª diminuta e 7ª menor	$(m-^{7}_{5})$	62
Acorde (Menor) com 7ª menor	(m 7)	63
Acorde (Maior) com 7ª menor e 9ª maior	$(^{9}_{7})$	64
Acorde (Maior) com 7ª menor e 9ª menor	(m^{9}_{7})	65
Acorde (Menor) com 7ª menor e 9ª maior		66
Estado Fundamental e Inversões do Acorde		67
Cifragens dos Acordes Invertidos		68
Duplicação e Supressão de Notas nos Acordes		69
Seqüências Harmônicas empregando Acordes Invertidos		70
Tabela das Cifragens		72
Quadro Geral do Braço do Violão (por Cifras)		73

Observação: — No caso de dúvida na interpretação das cifragens, vide páginas 11, 12, 13 e 72.

NOMENCLATURA EXTERNA

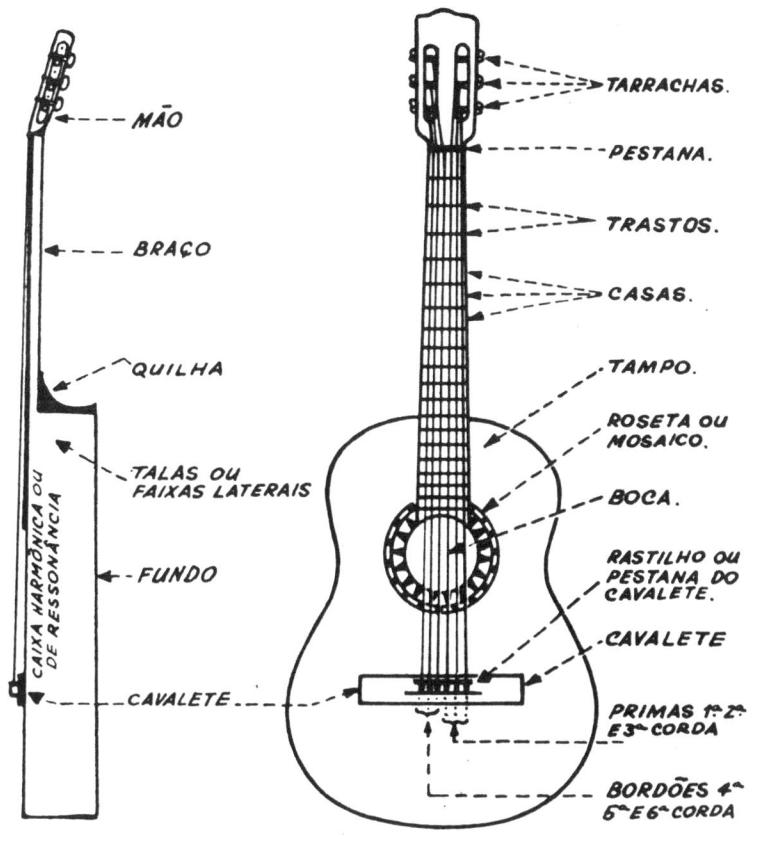

NOMES E NÚMEROS DAS CORDAS:

1ª Corda — MI (a mais fina)

2ª Corda — SI

3ª Corda — SOL

4ª Corda — RÉ

5ª Corda — LÁ

6ª Corda — MI (a mais grossa)

DEDILHAÇÃO

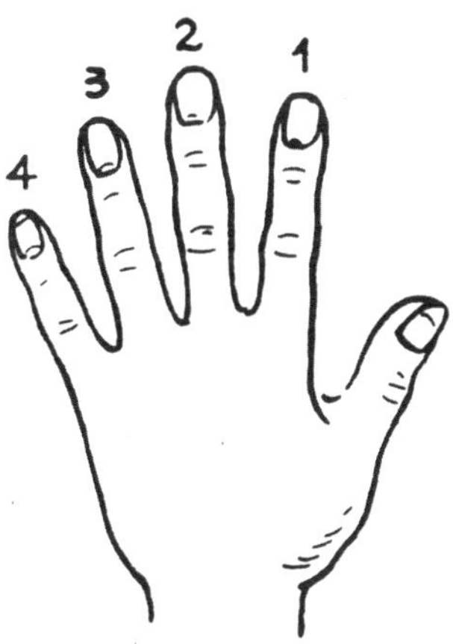

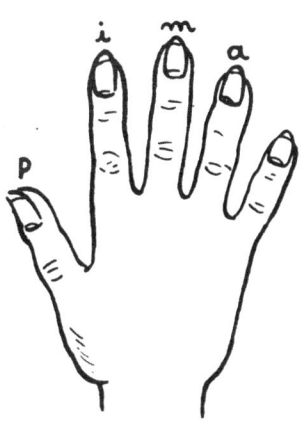

1 - INDICADOR	P - POLEGAR
2 - MÉDIO	i - INDICADOR
3 - ANULAR	m - MÉDIO
4 - MÍNIMO	a - ANULAR

MÃO ESQUERDA   **MÃO DIREITA**

POSIÇÕES CORRETAS

(DO CORPO E DO INSTRUMENTO)

Embora existam várias posições para se executar Violão, estas são as mais usadas pelos famosos Violonistas:

POSIÇÕES FEMININAS

a) Sentar-se naturalmente, colocar o pé esquerdo sobre um banquinho mantendo a perna direita junto à perna esquerda; esta posição é a mais recomendada e deve ser preferida.

Na falta eventual do banquinho, ou caso não se adapte a esta posição, deve-se, então, cruzar uma das pernas sobre a outra.

b) O Violão ficará colocado sobre a perna que ficar mais elevada e bem encostado ao peito, mantendo-se o braço do Violão ligeiramente inclinado para cima.

É importante que a curvatura central do Violão se encaixe (ou se apoie) completamente sobre a perna mais elevada, para que o mesmo não deslize para baixo (Vide também — Posição dos Braços e das Mãos — pág. 10).

POSIÇÕES MASCULINAS

a) Sentar-se naturalmente, colocar o pé esquerdo sobre um banquinho e abrir a perna direita para o lado direito, enquanto a perna esquerda permanecerá para frente; esta é a posição mais recomendada e deve ser preferida. Na falta eventual do banquinho, ou caso não se adapte a esta posição, deve-se cruzar uma das pernas sobre a outra.

b) O Violão ficará colocado como foi descrito no item (b) da posição feminina (Vide página anterior. Vide também — Posição dos Braços e das Mãos — pág. 10).

OBSERVAÇÕES:

A recomendação para que se coloque o pé num banquinho ou que se cruze as pernas, é pela firmeza que proporciona ao instrumento, deixando as mãos livres para execução; além disso, dá mais comodidade ao executante e evita que se acostume a debruçar-se exageradamente sobre o Violão.

A altura do banquinho será relativa a da cadeira e a estatura do aluno, podendo variar de 15 a 25 centímetros aproximadamente.

Nos casos de crianças ainda muito pequenas, elas se adaptam melhor colocando os dois pés sobre o banco ou sentadas em cadeiras bem baixas; neste caso o Violão ficará colocado com a curvatura central sobre a perna direita, embora fique prejudicada a boa estabilidade do instrumento.

POSIÇÃO DOS BRAÇOS E DAS MÃOS

O BRAÇO E A MÃO DIREITA

O braço direito deverá descansar naturalmente na quina da parte mais larga da caixa harmônica, avançando ou retrocedendo o suficiente para que a mão fique localizada quase em cima da boca do Violão.

Para preparar uma boa posição da mão direita, basta que a coloquemos transversalmente sobre as cordas, mantendo o pulso ligeiramente levantado; o polegar permanecerá estendido para fora e os outros dedos em condições de poderem puxar as cordas bem de frente.

O BRAÇO E A MÃO ESQUERDA

O braço esquerdo ficará pendente naturalmente junto ao corpo, dobrando-se o necessário para que a mão esquerda possa tomar a posição para execução.

Para uma boa posição da mão esquerda, deve-se manter o dedo polegar colocado na parte posterior do braço do Violão, evitando que forme um arco e apareça pela parte superior; o pulso será mantido bem arredondado para que a palma da mão não encoste no braço do Violão. Os dedos se curvarão ficando em condições de poderem apertar as cordas com as pontas dos dedos. É importante aparar bem as unhas destes dedos.

AFINAÇÃO

Para o principiante, em geral, é um pouco difícil conseguir afinar um Violão. Isto, porque ainda não tem o ouvido educado musicalmente para perceber quando um som se iguala exatamente a um outro em altura. Mesmo assim, deve sempre tentar fazer uma afinação; no princípio, naturalmente, deverá ser assistido ou ajudado pelo professor ou por alguém que já saiba afiná-lo.

> **NOTA** — Uma boa afinação, isto é, na altura correta, deve ter por base o som dado pelo DIAPASÃO (pequeno instrumento que produz o som da nota LÁ). Como existem vários tipos de Diapasão, aconselhamos ao principiante dar preferência aos que produzem o LÁ na altura exata correspondente ao som da 5ª corda solta (LÁ).

Embora existam várias maneiras de afinar um Violão, a mais usada é a que será explicada a seguir:

COMO AFINAR O VIOLÃO

1º) Dê o LÁ do Diapasão e afine (ou iguale) a ele o som da 5ª corda solta que é LÁ. (A regulagem é feita atuando-se na tarracha correspondente à 5ª corda).

2º) Prendendo-se a 5ª corda na casa 5 obtém-se o som RÉ; iguale a ele o som da 4ª corda solta que é RÉ. (Regule pela tarracha correspondente à 4ª corda).

3º) Prendendo-se a 4ª corda na casa 5 obtém-se o som SOL; iguale a ele o da 3ª corda solta que é SOL. (Regule pela tarracha correspondente à 3ª corda).

4º) Prendendo-se a 3ª corda na casa 4 obtém-se o som SI; iguale a ele o som da 2ª corda solta que é SI. (Regule pela tarracha correspondente à 2ª corda).

5º) Prendendo-se a 2ª corda na casa 5 obtém-se o som MI; iguale a ele o som da 1ª corda solta que é MI. (Regule pela tarracha correspondente à 1ª corda).

6º) A 6ª corda estará afinada em MI, quando ao ser presa na casa 5 ela produzir o mesmo som da 5ª corda solta, a qual já tinha sido afinada pelo som do Diapasão. (Regule, portanto, atuando na própria tarracha correspondente à 6ª corda).

> NOTA — É aconselhável fazer-se mais uma ou duas revisões (do primeiro ao último item) e, em seguida, testar a afinação executando-se alguns acordes ou trechos de melodias já conhecidos, voltando a fazer pequenos retoques, se assim achar necessário, até conseguir a melhor afinação.

CIFRA

Cifra é um processo usado, internacionalmente, para representar os nomes das notas ou acordes por meio de letras, números e sinais convencionais.

Correspondência das letras com os nomes das notas ou dos Acordes:

NOTAS NATURAIS

Ordem alfabética
A	B	C	D	E	F	G
Lá	Si	Dó	Ré	Mi	Fá	Sol

Ordem musical
C	D	E	F	G	A	B
Dó	Ré	Mi	Fá	Sol	Lá	Si

NOTAS ALTERADAS

A distância entre duas notas Naturais **vizinhas**, pode ser de 1 tom (2 semitons) ou de $\frac{1}{2}$ tom (semitom).

Entre as notas que têm 1 tom de distância, há um som intermediário, que é justamente a chamada **Nota Alterada**.

Para indicar a nota alterada existem vários sinais, mas aqui, necessitaremos apenas de dois deles, que são:

♯ (Sustenido) — indica uma nota alterada **ascendentemente** em $\frac{1}{2}$ tom (isto é, acima do seu som natural).

♭ (Bemol) — indica uma nota alterada **descendentemente** em $\frac{1}{2}$ tom (isto é, abaixo do seu som natural).

O Sustenido e o Bemol são denominados Sinais de Alteração; quando tiverem de ser usados ficam colocados depois do nome da nota ou da letra maiúscula.

RELAÇÃO OU ORDEM (CROMÁTICA) DAS NOTAS
(Naturais e Alteradas)

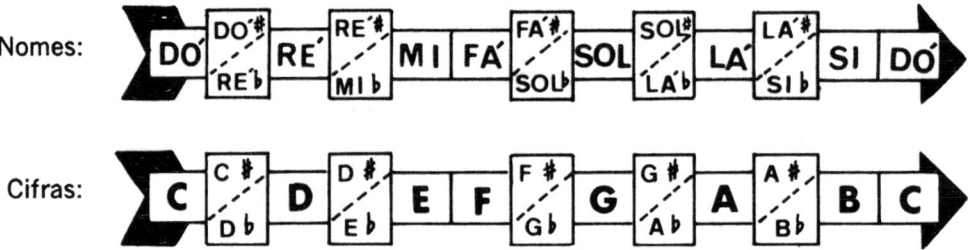

Pela relação das notas Naturais e Alteradas apresentada acima, deve-se concluir que:

1º) Entre as notas MI-FÁ e SI-DÓ, que têm apenas $\frac{1}{2}$ tom de distância, não existem notas intermediárias, isto é, Notas Alteradas.

2º) Cada Nota Alterada, embora tenha dois nomes, indica, entretanto, o mesmo som. (São em Música denominadas de **notas enarmônicas**).

3º) Excluindo-se a última nota Dó desta relação, que vem a ser a repetição da primeira nota Dó (oito acima ou oitava acima), teremos ao todo 12 notas, ou seja, 7 Naturais e 5 Alteradas.

NOTAS — A localização e a disposição das notas Naturais e Alteradas, pode ser verificada e estudada no quadro do Braço do Violão que está na página seguinte ou na página 73.

No Violão, a distância entre duas **casas** imediatamente seguintes (na mesma corda) é de $\frac{1}{2}$ tom.

ACORDES

Acorde — É um conjunto de três ou mais sons diferentes e simultâneos (que soem harmonicamente segundo regras estabelecidas em Música).

Os Acordes principais e mais usados são:

ACORDE MAIOR	— É indicado apenas pela letra maiúscula correspondente ao nome da nota. Ex.: C — lê-se Dó Maior D — lê-se Ré Maior, etc.
ACORDE MENOR	— É indicado pela letra maiúscula correspondente ao nome da nota, seguida de um **m** minúsculo. Ex.: Cm — lê-se Dó Menor Dm — lê-se Ré Menor, etc.
ACORDE DE SÉTIMA (ou Sétima menor da Dominante)	— É indicado pela letra maiúscula correspondente ao nome da nota, seguida de um número 7 (sete). Ex.: C7 — lê-se Dó Sétima D7 — lê-se Ré Sétima, etc.

NOTA — Posteriormente, a **formação** destes Acordes poderá ser estudada a partir da página 52.

PEQUENOS QUADROS DO BRAÇO DO VIOLÃO
MOSTRANDO A LOCALIZAÇÃO DAS NOTAS ATÉ A 4ª CASA

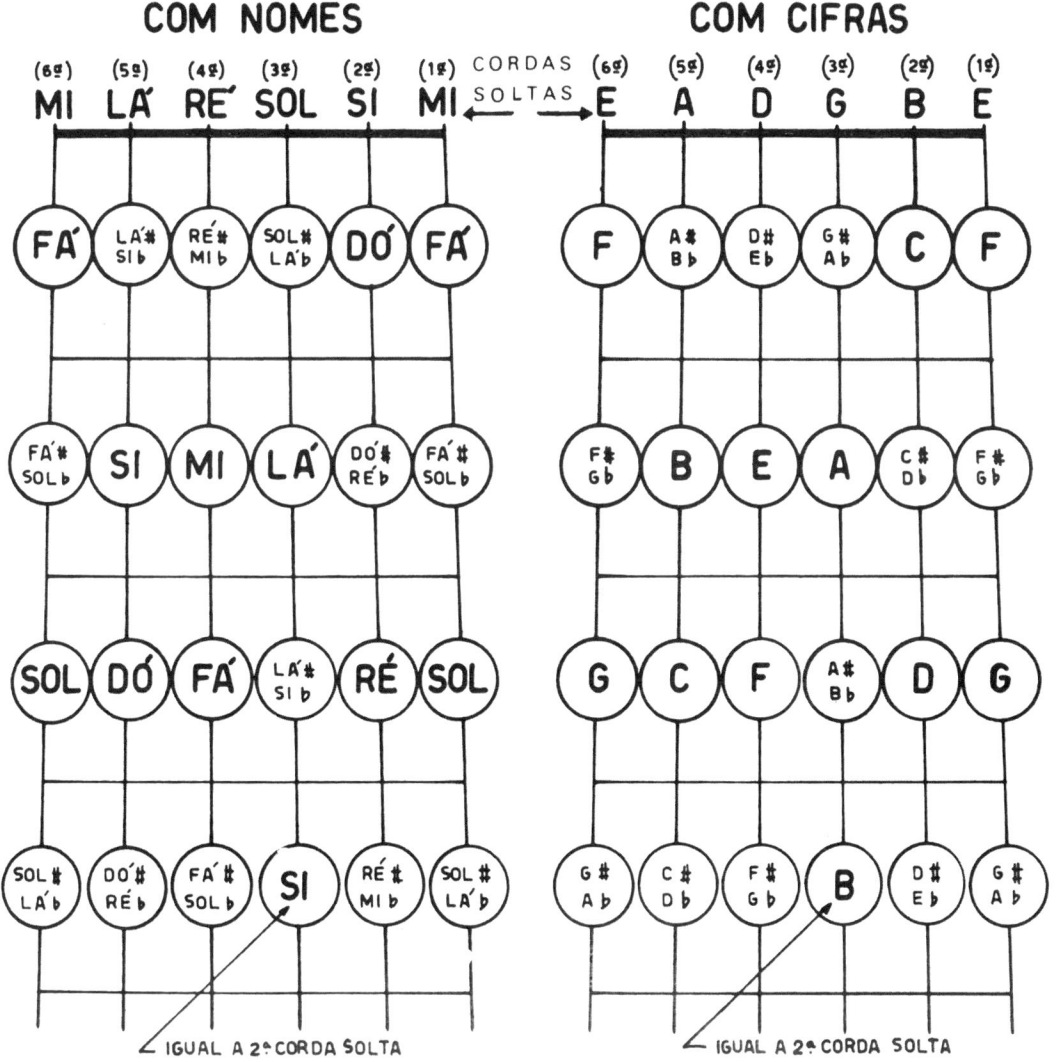

GRÁFICO DO BRAÇO DO VIOLÃO

As **linhas verticais** representam as **cordas** e são numeradas começando da direita para a esquerda do gráfico.

Os **traços horizontais** representam os **trastos**.

O espaço compreendido entre dois trastos chama-se **casa**.

As casas são contadas de cima para baixo.

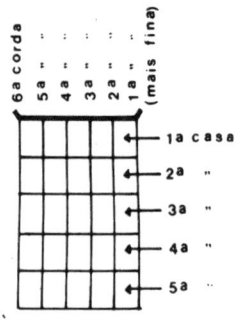

POSIÇÕES (Mão Esquerda)

Os **números** que estiverem dentro dos gráficos correspondem aos **dedos da mão esquerda**.

Colocando-se os dedos nas cordas e casas indicadas pelos gráficos, formam-se as chamadas **Posições**.

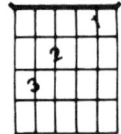

SINAIS DE EXECUÇÃO (para a Mão Direita)

⊙ — Baixo Principal (ou Fundamental).

+ — Baixo de Variação (ou de Revezamento).

⊕ — Baixo Principal Repetido — (Sua execução quase sempre é facultativa).

Os **Baixos** são tocados com o polegar direito; de acordo com a posição que está sendo usada, ficam colocados diante das cordas a eles correspondentes.

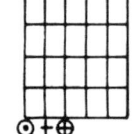

⌐⌙ — Este sinal (chaveta) indica as três cordas que
 i m a   deverão ser tocadas ao mesmo tempo para produzirem os Acordes. Para tocar estes Acordes usam-se os dedos — indicador, médio e anular (da mão direita). Nos casos em que houver necessidade, poderão ser indicados respectivamente — (i) indicador, (m) médio, (a) anular.

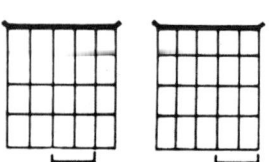

Em algumas Posições pode constar mais de uma chaveta para Acorde; neste caso, será facultativo o uso de uma ou de outra, ficando a escolha a critério do executante.

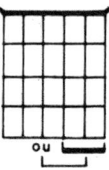

ALGUMAS RECOMENDAÇÕES IMPORTANTES:

1) Antes de iniciar alguma execução certifique-se de que o Violão esteja bem afinado.

2) Coloque sempre o Violão e as mãos nas posições consideradas mais corretas para execução.

3) As unhas da **mão esquerda** deverão estar sempre bem aparadas.

   Na **mão direita,** embora não seja obrigatório, é aconselhável o uso de um pouco de unha (não muito longa), porém, é muito importante compreender que não se tocará a corda apenas com a unha, e sim, que se deverá **deslizar rapidamente a ponta do dedo e em seguida a unha.**

4) Não se deve permanecer olhando para a mão direita durante a execução.

5) Evite que a mão direita fique contraída (ou dura); isto, muitas vezes, é causado pela má colocação do braço direito, o qual deverá descansar todo o seu peso ficando com o cotovelo apoiado na parte mais larga da caixa de ressonância do Violão.

6) Estudando-se lento, com atenção e entusiasmo, tudo parecerá mais fácil e será aprendido mais rápido.

7) Lembre-se sempre que: mais vale uma ou duas horas bem estudadas diariamente, do que um dia inteiro apenas uma vez por semana.

8) Evite também contrair maus hábitos, pois será mais difícil eliminá-los; por isso, se puder, não deixe de obter a assistência ou a orientação de um bom Professor.

9) Por mais modesto que seja o seu Violão, cuide sempre dele como se cuida de uma jóia. Por exemplo: evite deixá-lo demoradamente em lugar úmido ou exposto ao sol; proteja-o contra tombos ou pancadas; limpe-o sempre com uma flanela bem macia para conservar ao máximo o brilho do verniz e das partes metálicas; se não for usá-lo por mais de um dia, será preferível que ele seja guardado em sua capa ou estojo.

10) Para obter sempre um bom rendimento de sonoridade, é necessário manter o Violão afinado pelo diapasão (Vide — Afinação — pág. 11). Será também importante, trocar periodicamente as cordas, principalmente os bordões (as três cordas mais grossas). Dependendo do maior ou menor uso, a troca de cordas deve ser feita, no mínimo, duas vezes por ano.

TONS RELATIVOS

Dá-se o nome de Tons Relativos, a dois Tons que apresentam maior afinidade entre si. Cada Tom Maior tem o seu relativo Tom Menor, ou vice-versa.

Por exemplo: o Tom de Dó Maior tem como seu relativo o Tom de Lá Menor.

A afinidade entre estes dois Tons pode ser facilmente verificada se observarmos que, na grande maioria de músicas no Tom de Dó Maior, é muito comum o emprego de acordes pertencentes ao Tom de Lá Menor, e vice-versa (Vide relação na pág. seguinte).

Relação dos Tons Relativos:

$\left\{\begin{array}{l}\text{Dó Maior}\\\text{Lá Menor}\end{array}\right.$ $\left\{\begin{array}{l}\text{Fá Maior}\\\text{Ré Menor}\end{array}\right.$

$\left\{\begin{array}{l}\text{Sol Maior}\\\text{Mi Menor}\end{array}\right.$ $\left\{\begin{array}{l}\text{Si}\flat\text{ Maior}\\\text{Sol Menor}\end{array}\right.$

$\left\{\begin{array}{l}\text{Ré Maior}\\\text{Si Menor}\end{array}\right.$ $\left\{\begin{array}{l}\text{Mi}\flat\text{ Maior}\\\text{Dó Menor}\end{array}\right.$

$\left\{\begin{array}{l}\text{Lá Maior}\\\text{Fá}\sharp\text{ Menor}\end{array}\right.$ $\left\{\begin{array}{l}\text{Lá}\flat\text{ Maior}\\\text{Fá Menor}\end{array}\right.$

$\left\{\begin{array}{l}\text{Mi Maior}\\\text{Dó}\sharp\text{ Menor (ou Ré}\flat\text{ m)}\end{array}\right.$ $\left\{\begin{array}{l}\text{Ré}\flat\text{ Maior (ou Dó}\sharp\text{ M)}\\\text{Si}\flat\text{ Menor (ou Lá}\sharp\text{ m)}\end{array}\right.$

$\left\{\begin{array}{l}\text{Si Maior}\\\text{Sol}\sharp\text{ Menor (ou Lá}\flat\text{ m)}\end{array}\right.$ $\left\{\begin{array}{l}\text{Sol}\flat\text{ Maior (ou Fá}\sharp\text{ M)}\\\text{Mi}\flat\text{ Menor (ou Ré}\sharp\text{ m)}\end{array}\right.$

NOTA — Para maiores detalhes sobre os TONS — Vide páginas 48 e 49.

PESTANA

A Pestana consiste em se colocar o 1º dedo da mão esquerda estendido sobre as cordas; com a ajuda do polegar, que fica na parte posterior do braço do Violão, comprimem-se as cordas para baixo.

O sinal que indica fazer a pestana é uma seta (⟵———). Este sinal aparece nos gráficos indicando a casa em que deve ser feita a Pestana e, ao mesmo tempo, a quantidade de cordas a serem presas.

COMO PRATICAR OS TONS

Em primeiro lugar deve-se aprender a formar e decorar bem as posições do primeiro Tom a ser estudado. Isto será feito nas páginas de números pares, onde eles são apresentados com os gráficos em tamanho maior.

Em seguida, iniciar a prática destas posições começando com a seqüência denominada **Tom Principal,** que se encontra na página imediatamente seguinte (de número ímpar).

Para praticar a seqüência do Tom Principal, execute suas posições na ordem numérica e na direção indicada pelas pequenas setas, como mostra o exemplo abaixo:

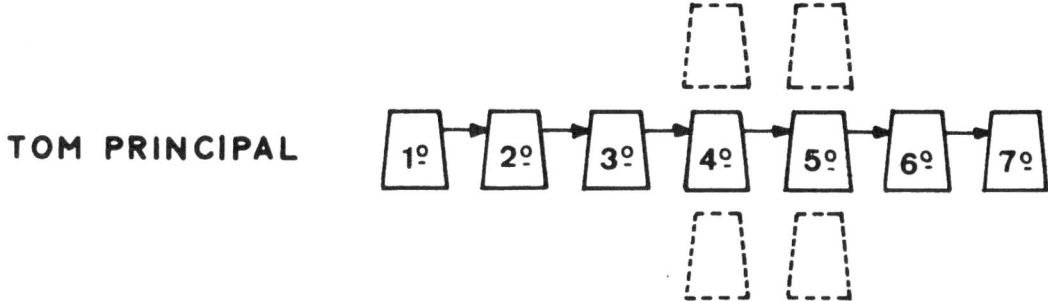

Depois de bem estudado o primeiro Tom escolhido, passa-se ao estudo do seu **Tom Relativo,** procedendo-se da mesma maneira que foi feita com o primeiro Tom.

NOTA — Os Tons Relativos encontram-se nas mesmas páginas (pares).

PRÁTICA DAS VARIANTES

Tendo sido estudado e aprendidos os dois Tons Relativos, segue-se agora sua execução com as respectivas **Variantes**, obedecendo naturalmente a ordem e a direção indicadas pelas pequenas setas, como é mostrado a seguir:

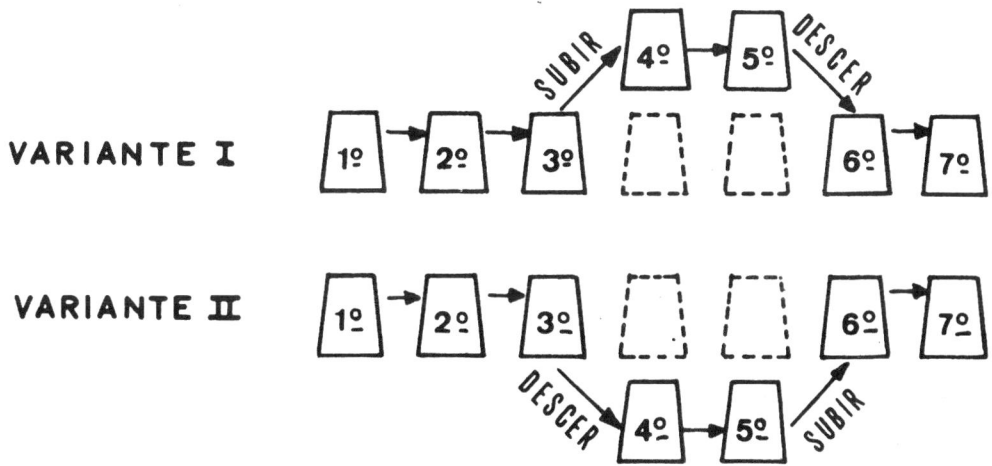

Observações — As Variantes que constam em cada Tom, além de ótimo exercício, servirão também para despertar no aluno, o sentido de Tonalidade e a afinidade existentes entre os dois Tons Relativos.

— Para facilitar, as primeiras práticas devem ser feitas, de preferência, em ritmo de **Valsa** ou de **Marcha simples.** (Vide Exemplos de Ritmos, na pág. 45).

DÓ MAIOR
(RELATIVO DE LÁ MENOR)

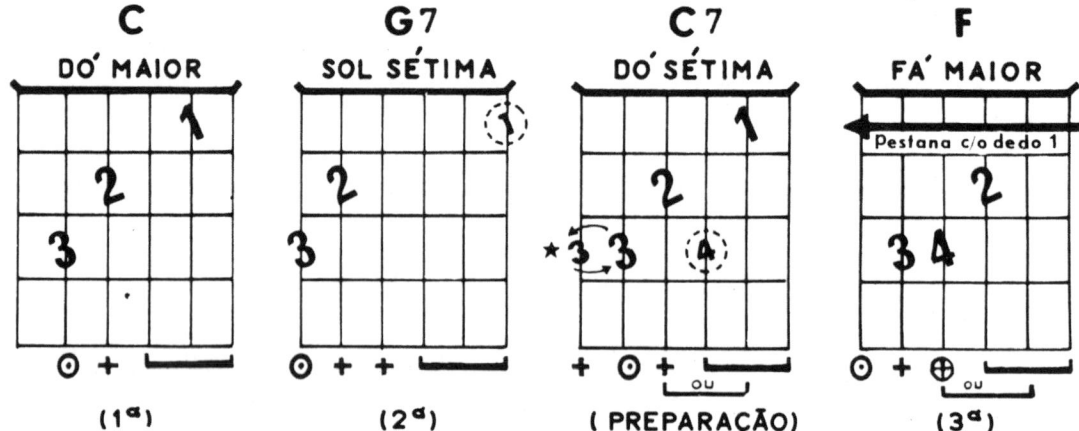

(★) **Importante:** — Indica que o dedo 3 pode movimentar-se da 5ª para a 6ª corda e vice-versa. No princípio do estudo isto será facultativo.

◌ O círculo pontilhado está apenas assinalando a **Sétima (menor)** que dá nome ao Acorde, mas entenda-se que deve ser tocada (Todo acorde de Sétima é **dissonante**).

← PESTANA — Vide página 16.

LÁ MENOR
(RELATIVO DE DÓ MAIOR)

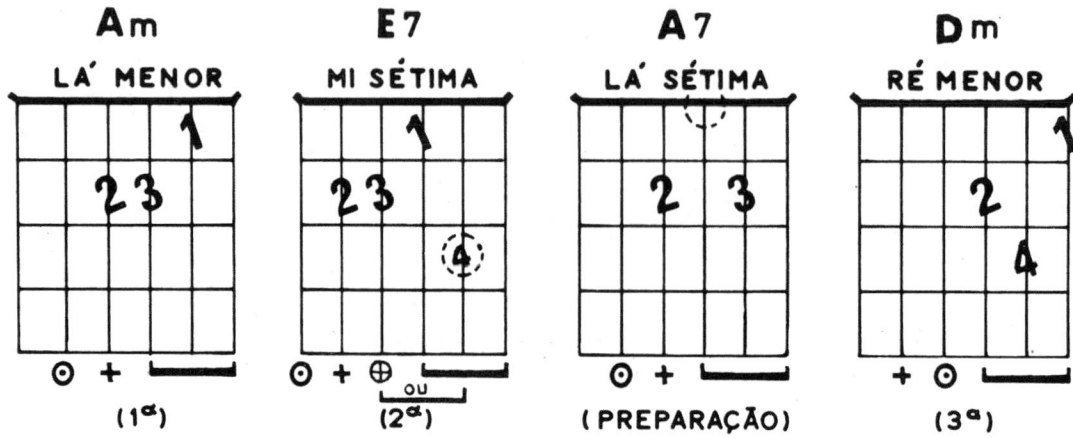

Importante: — Quando uma corda não tiver sinal de execução para a mão direita, é porque não deve ser tocada. Ao formar as posições, nunca deixe algum dedo ficar sobre o trasto, pois isto prejudica a sonoridade.

exercícios em DÓ MAIOR

Tom Principal

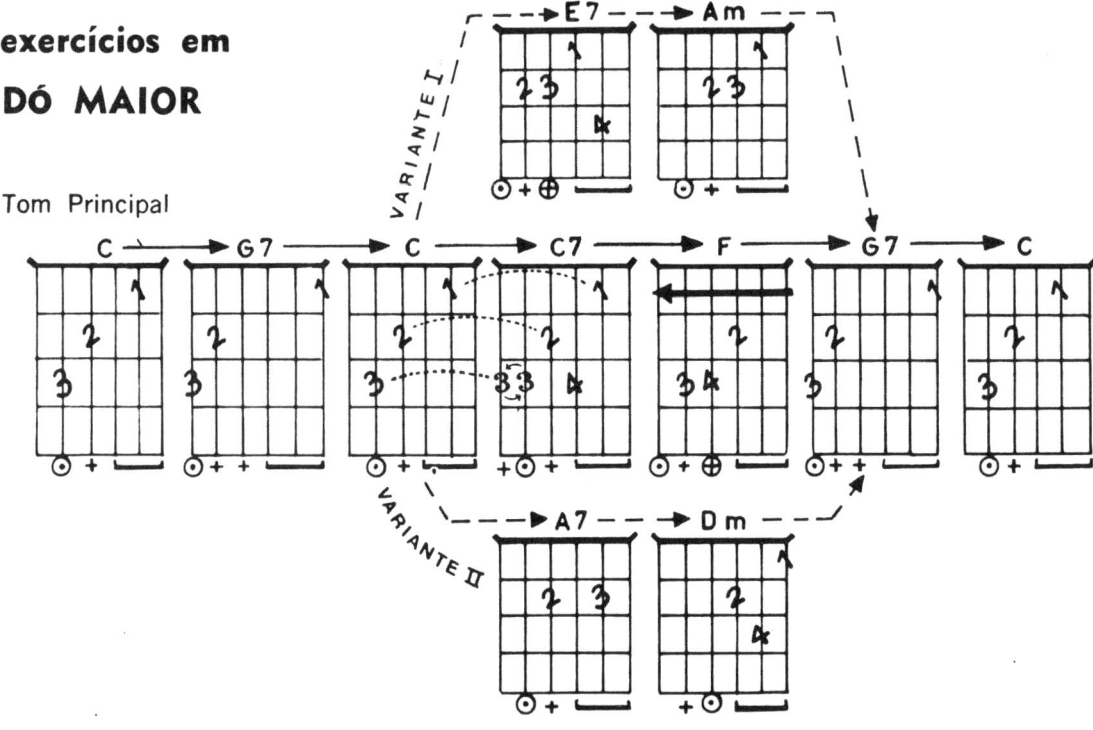

Observação: — As linhas pontilhadas que aparecem entre as posições, indicam que os dedos assinalados devem permanecer fixos, pois, os mesmos, constam na posição seguinte exatamente na mesma corda e casa.

exercícios em LÁ MENOR

Tom principal

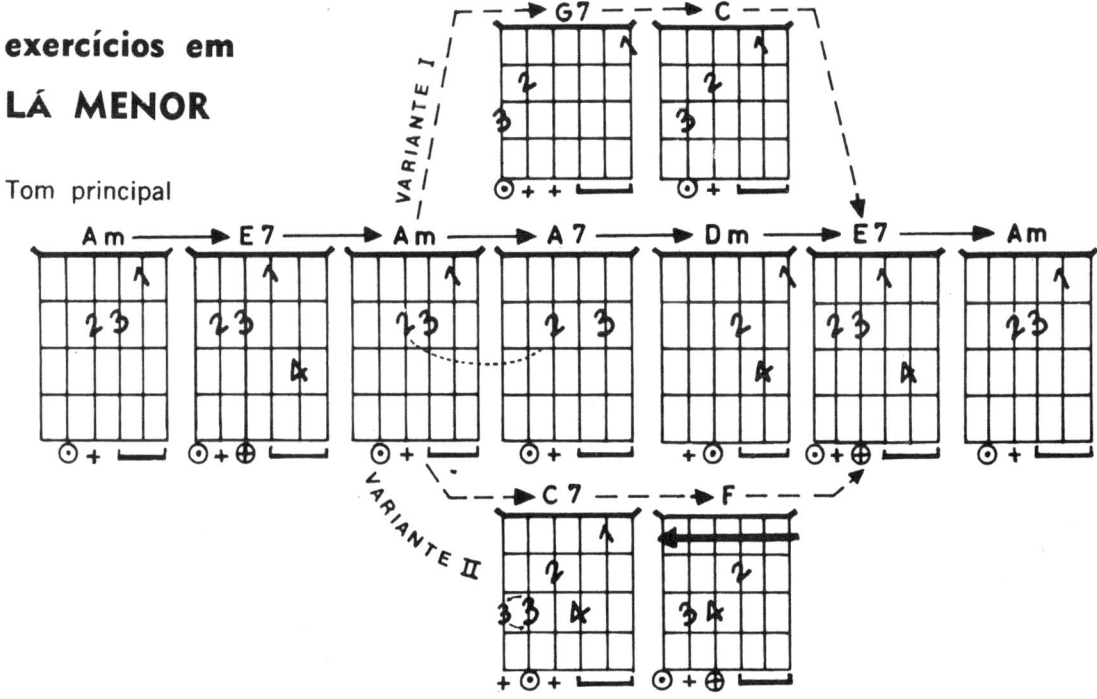

NOTA — Nas posições dos Acordes Am e A7, pode-se incluir também a 6ª corda como Baixo de Variação (+).

SOL MAIOR
(RELATIVO DE MI MENOR)

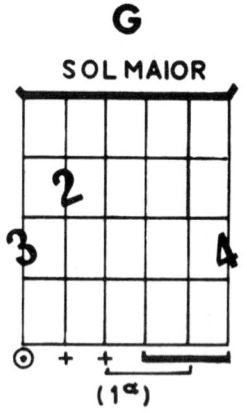 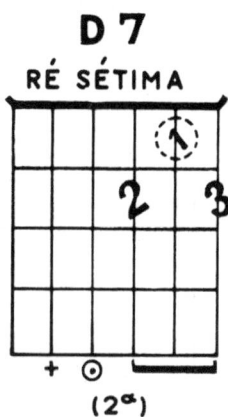 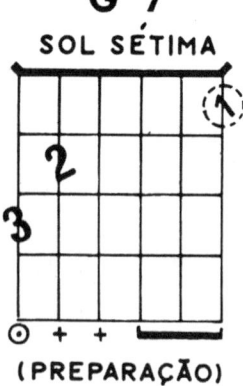 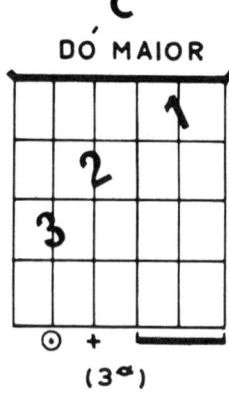

Importante: — O círculo pontilhado está apenas assinalando a sétima menor (nota dissonante) nos Acordes de sétima, mas deve ser tocada.

NOTA — Deve-se dar preferência à posição de Sol Maior (G) do gráfico maior, por ser considerada mais correta.

MI MENOR
(RELATIVO DE SOL MAIOR)

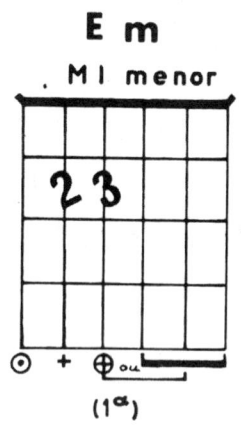 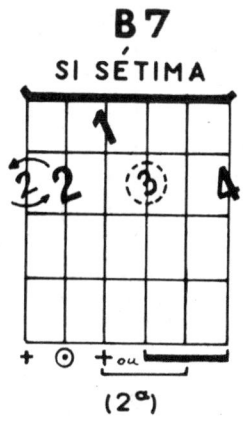 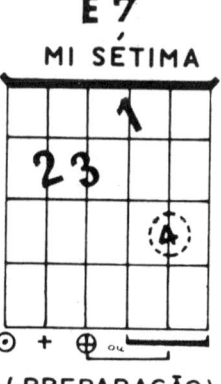 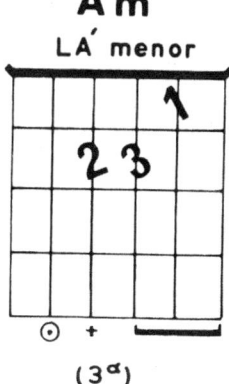

NOTA — No princípio do estudo, será facultativo o movimento do dedo 2, da 5ª para a 6ª corda, que aparece na posição Si Sétima (B7).

exercícios em
SOL MAIOR

Tom Principal

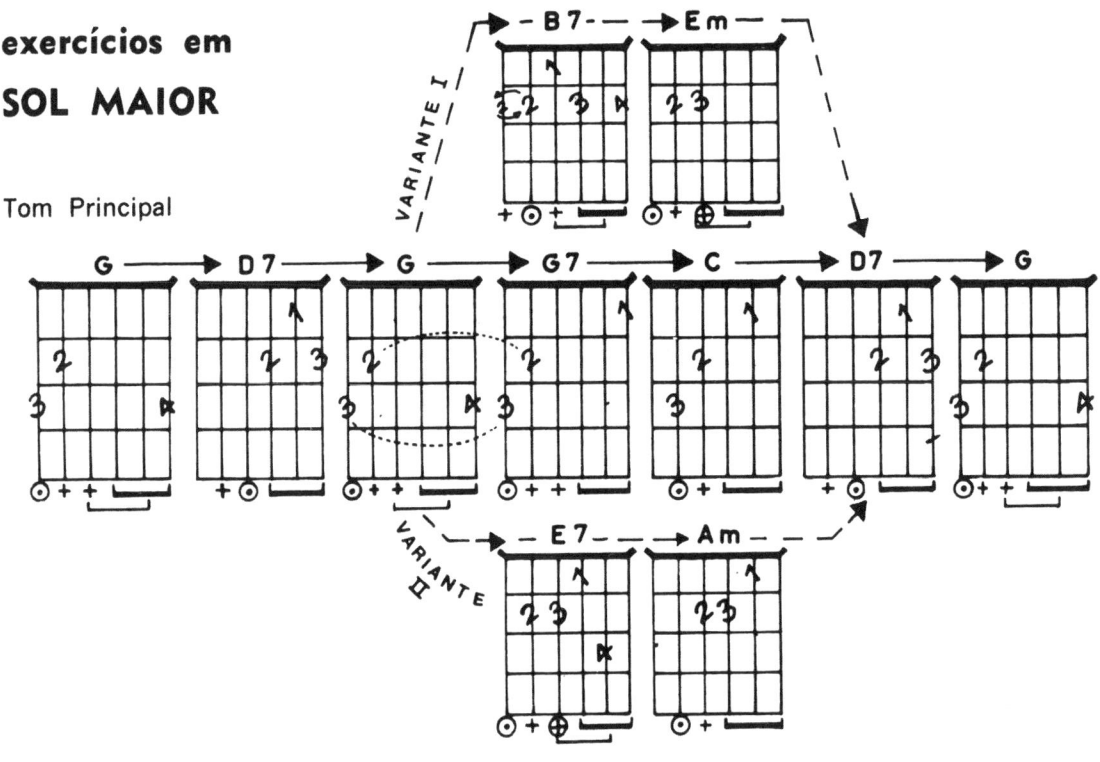

exercícios em
MI MENOR

Tom Principal

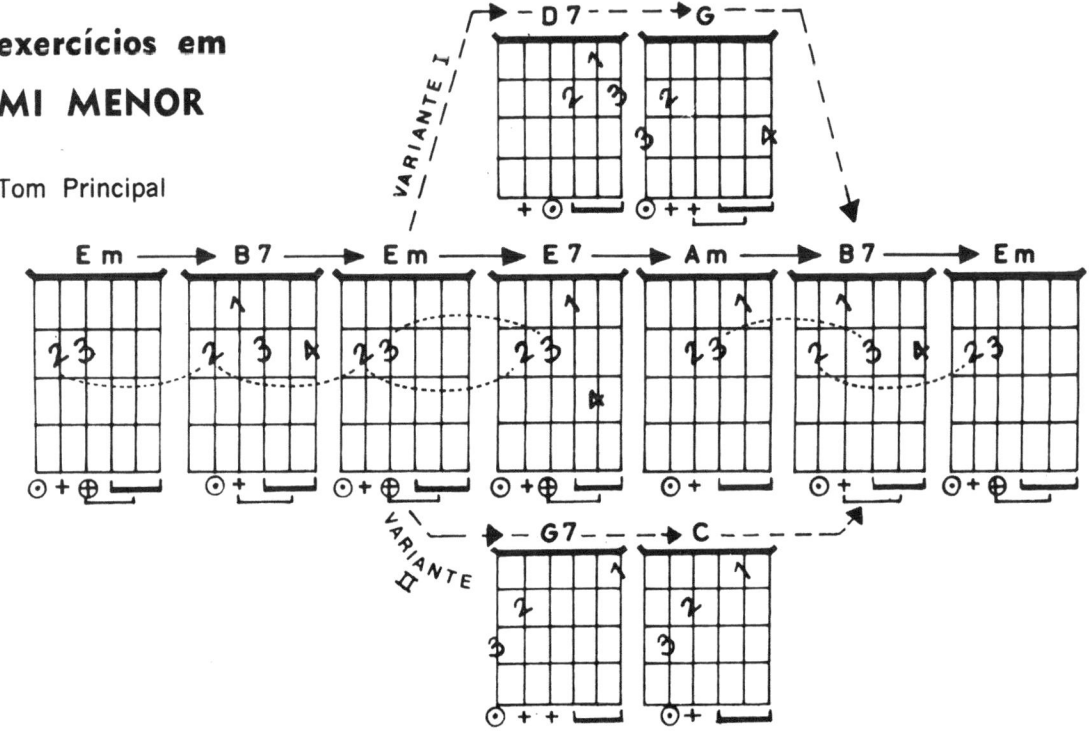

RÉ MAIOR
(RELATIVO DE SI MENOR)

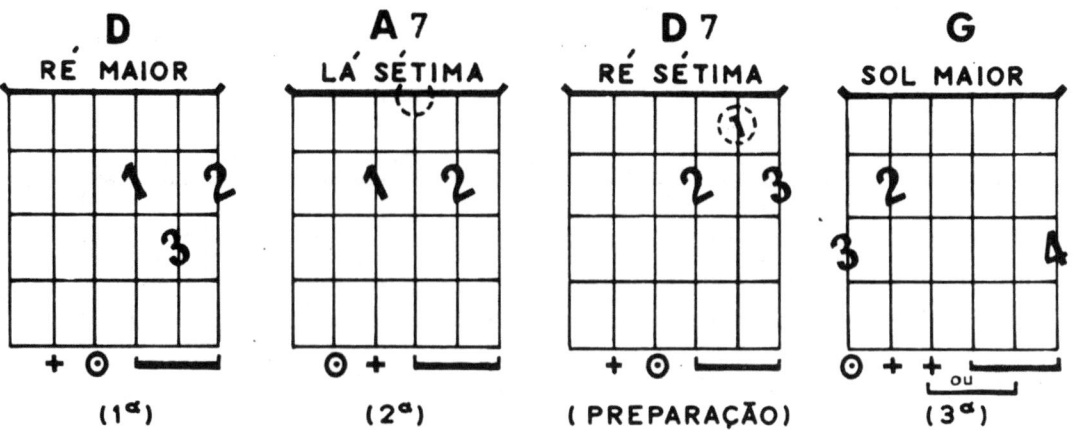

NOTA — Na posição LÁ sétima (A7), podem-se usar os dedos 2 e 3 como consta no tom de LÁ menor. (Vide pág. 18).

SI MENOR
(RELATIVO DE RÉ MAIOR)

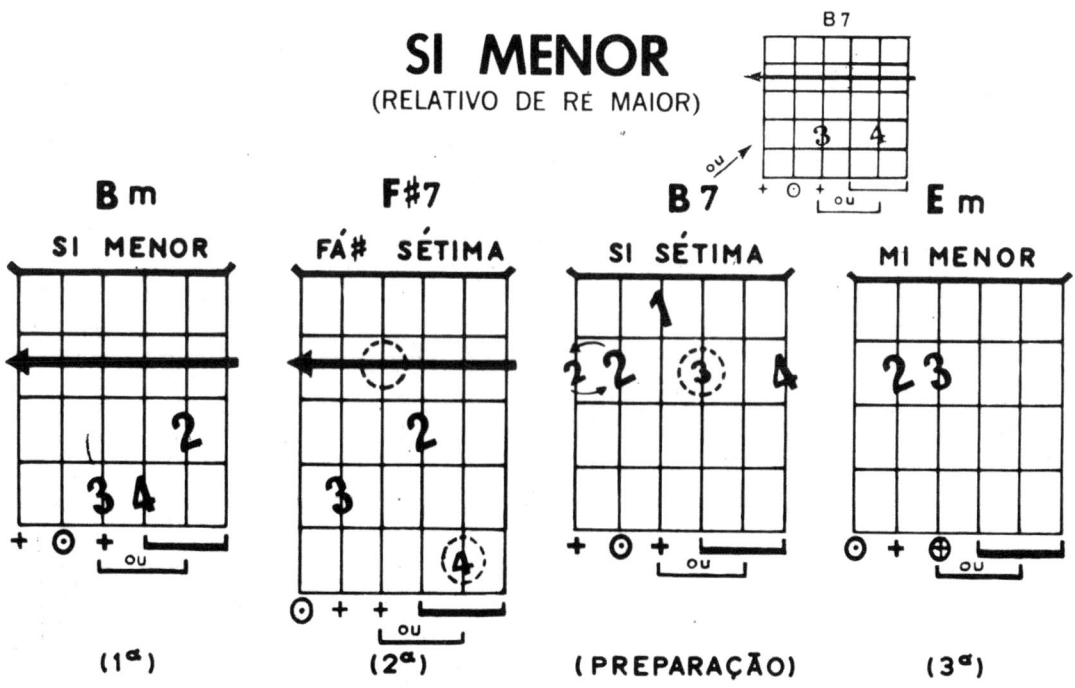

NOTA — O círculo pontilhado está apenas assinalando a sétima menor (dissonância) do acorde, mas deve ser tocada.

exercícios em RÉ MAIOR

Tom Principal

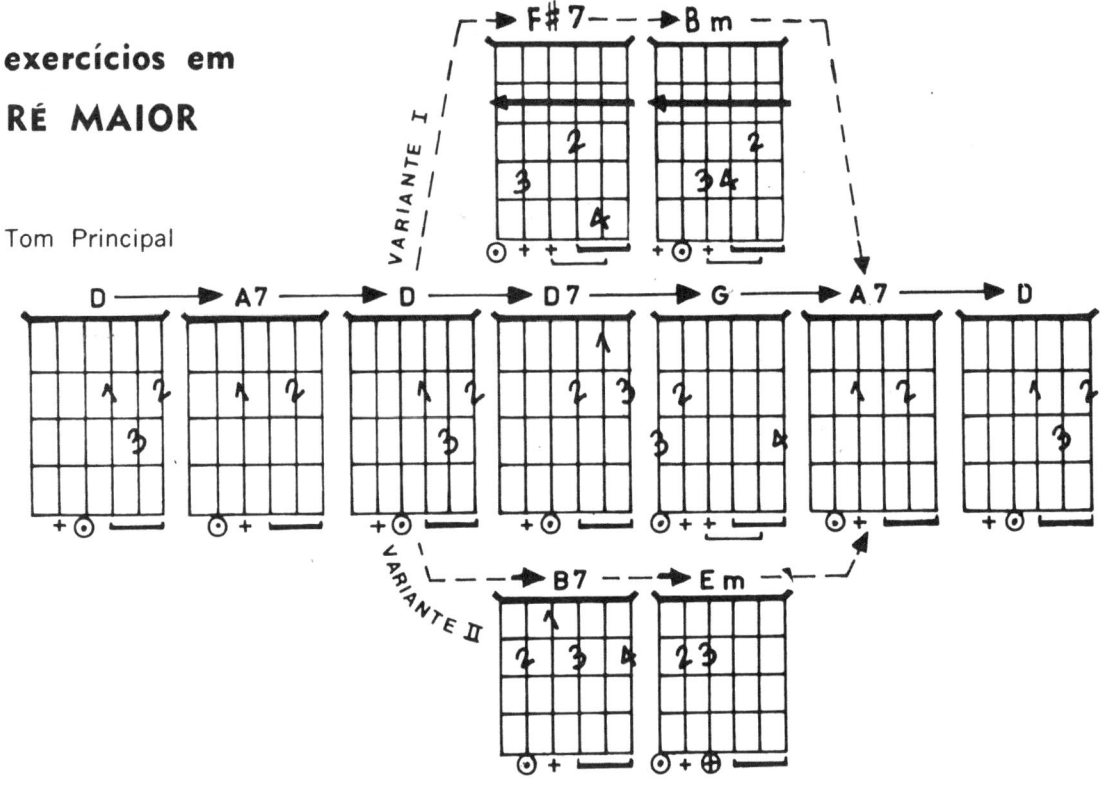

exercícios em SI MENOR

Tom Principal

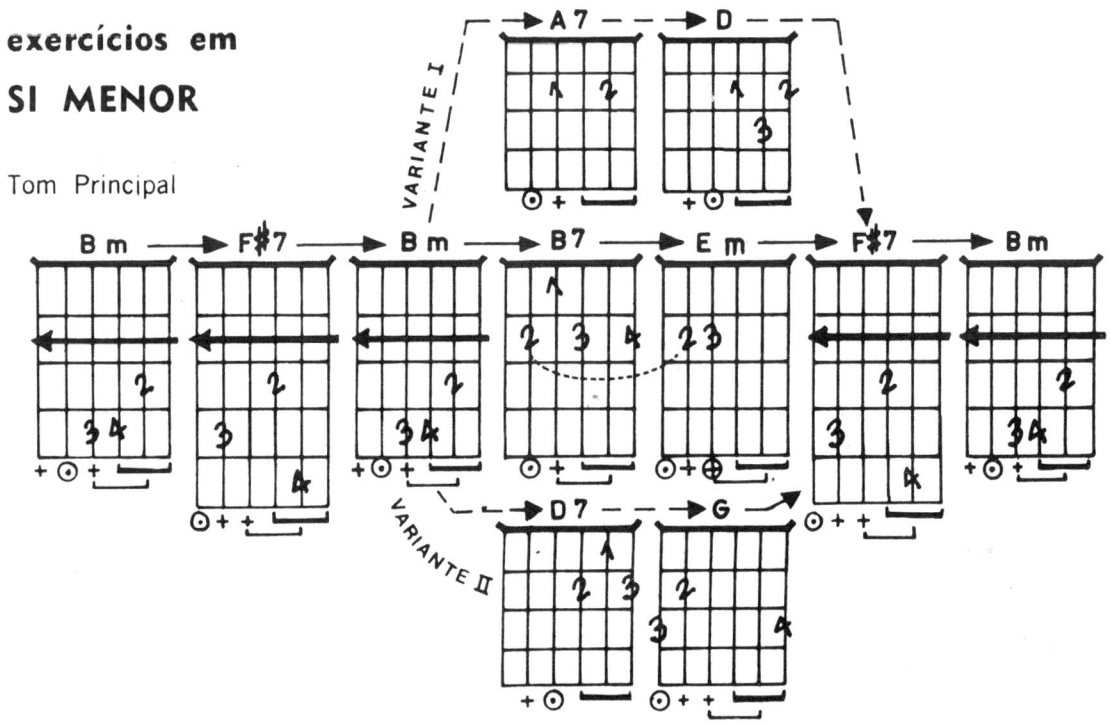

LÁ MAIOR
(RELATIVO DE FÁ # MENOR)

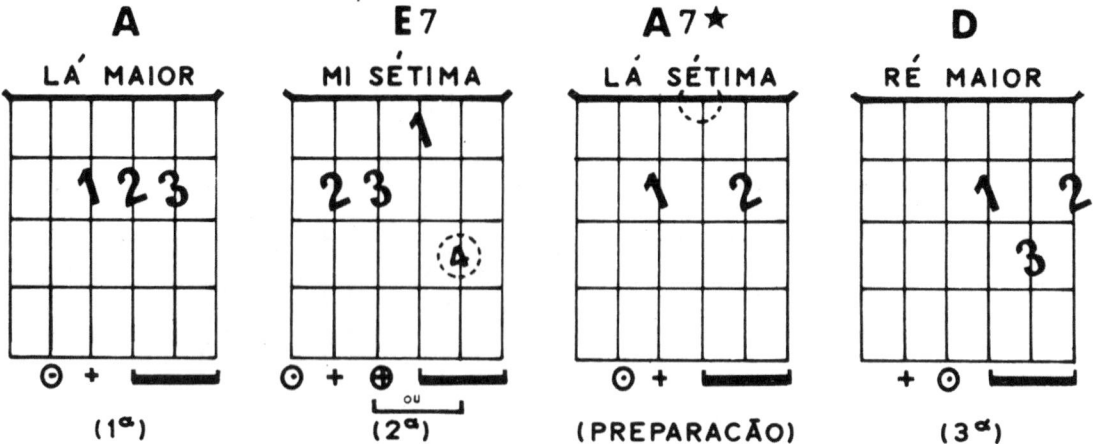

(★) No tom de LÁ Maior esta dedilhação para o acorde A7 é mais cômoda, mas podem-se usar os dedos 2 e 3 como em LÁ menor. (Vide pág. 18).

FÁ # MENOR (ou SOL ♭ menor)
(RELATIVO DE LÁ MAIOR)

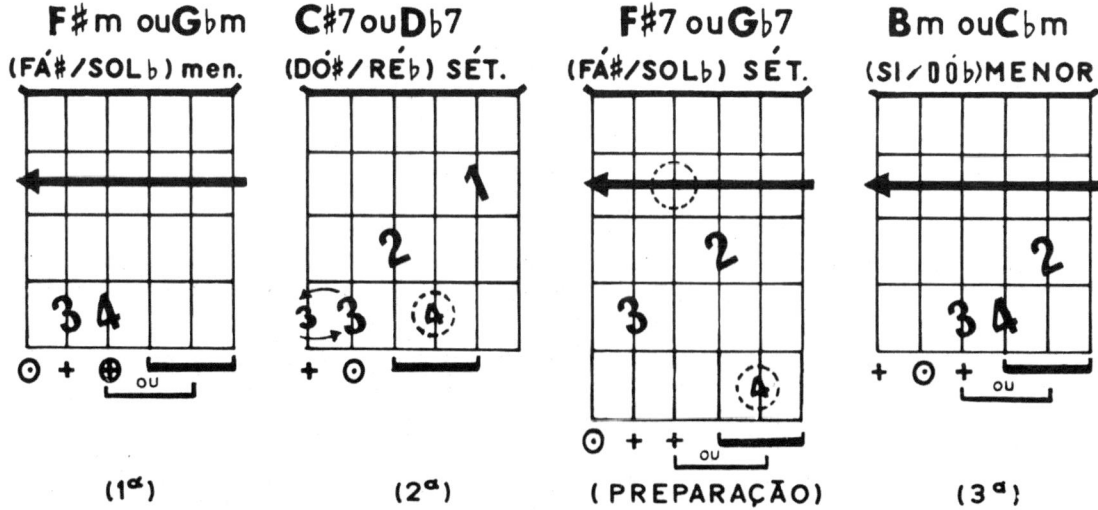

Observações: As nomenclaturas FÁ # menor ou Sol ♭ menor correspondem praticamente a um mesmo tom.

Empregam-se as cifragens ou nomenclaturas em ♭ para Sol ♭ menor.

Empregam-se as cifragens ou nomenclaturas em # para FÁ # menor.

exercícios em LÁ MAIOR

Tom Principal

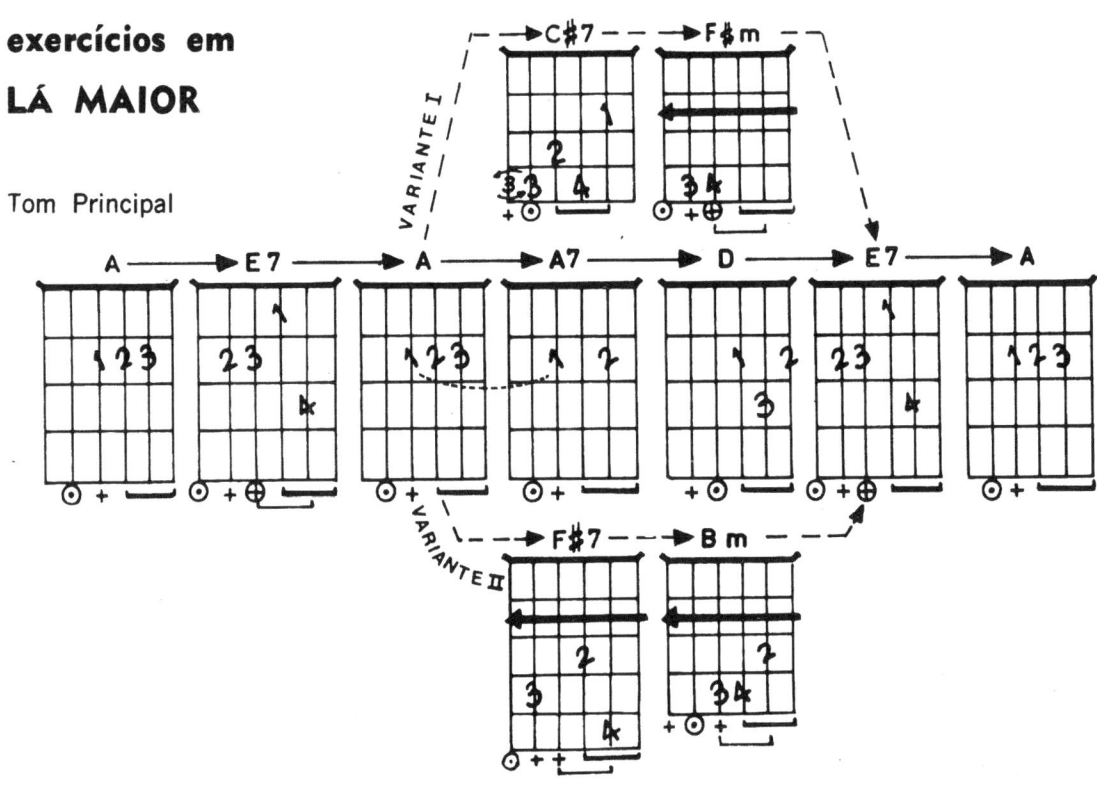

exercícios em FÁ♯ MENOR

Tom Principal

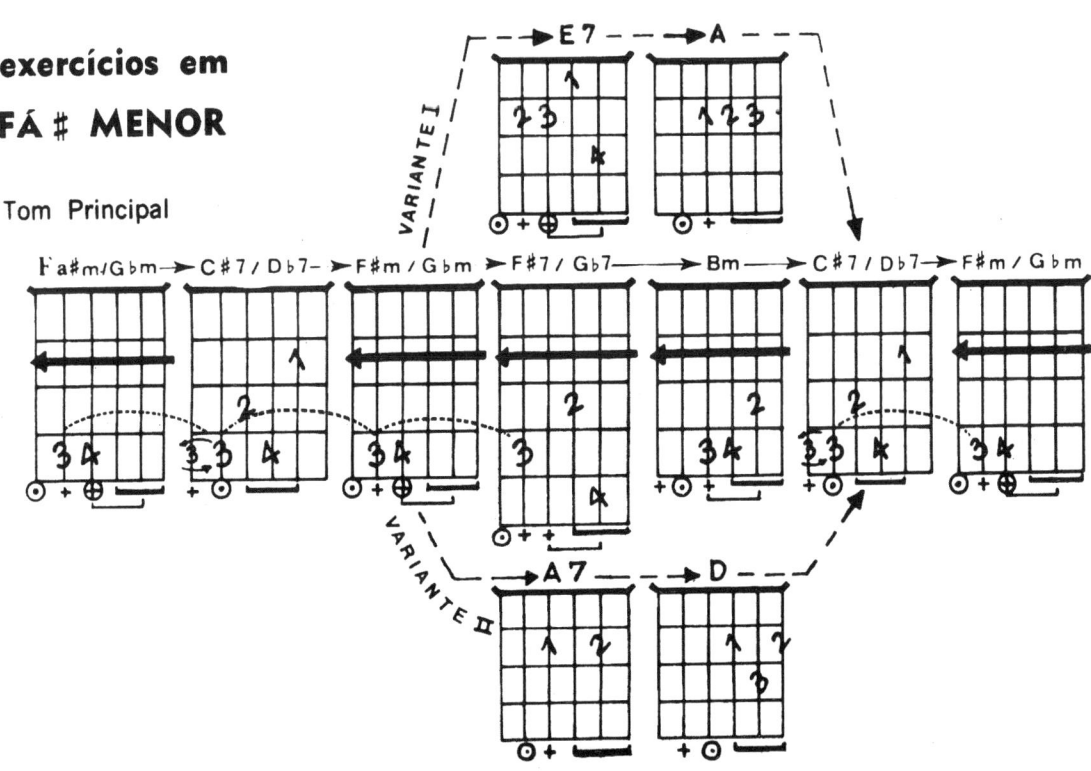

MI MAIOR
(RELATIVO DE DÓ♯ MENOR)

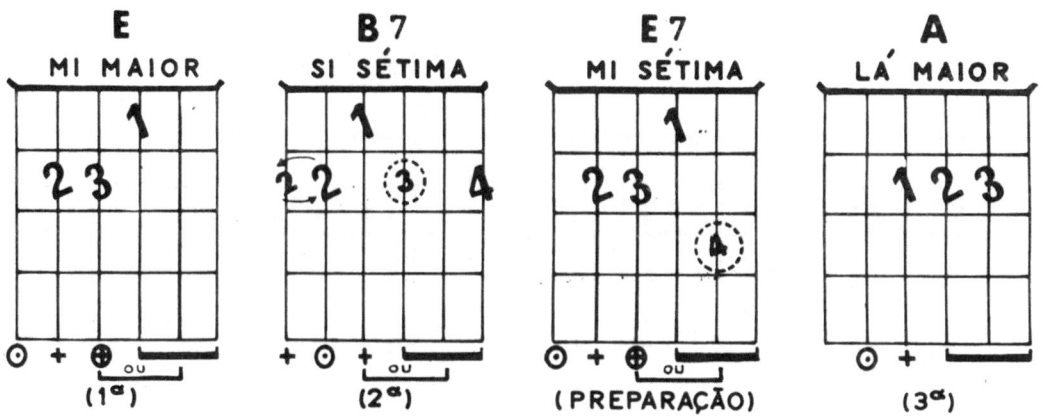

DÓ♯ MENOR (ou RÉ♭ menor)
(RELATIVO DE MI MAIOR)

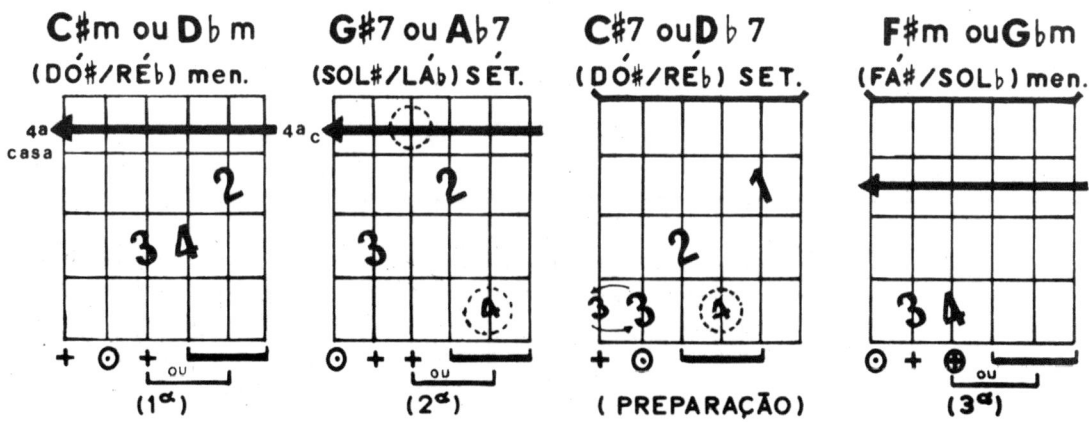

Observações: Dó♯ menor ou Ré♭ menor correspondem praticamente a um mesmo tom.

Para o tom de Dó♯ menor usam-se as cifras em ♯.

Para o tom de Ré♭ menor usam-se as cifras em ♭.

exercícios em MI MAIOR

Tom Principal

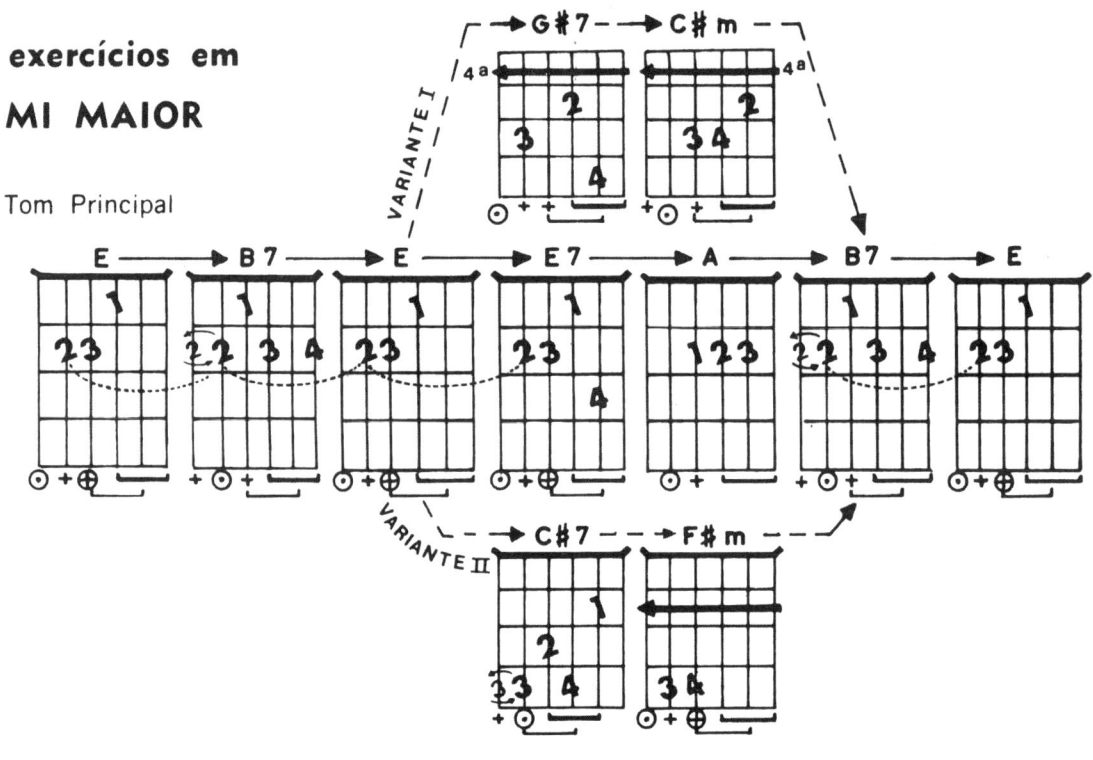

exercícios em DÓ ♯ MENOR

Tom Principal

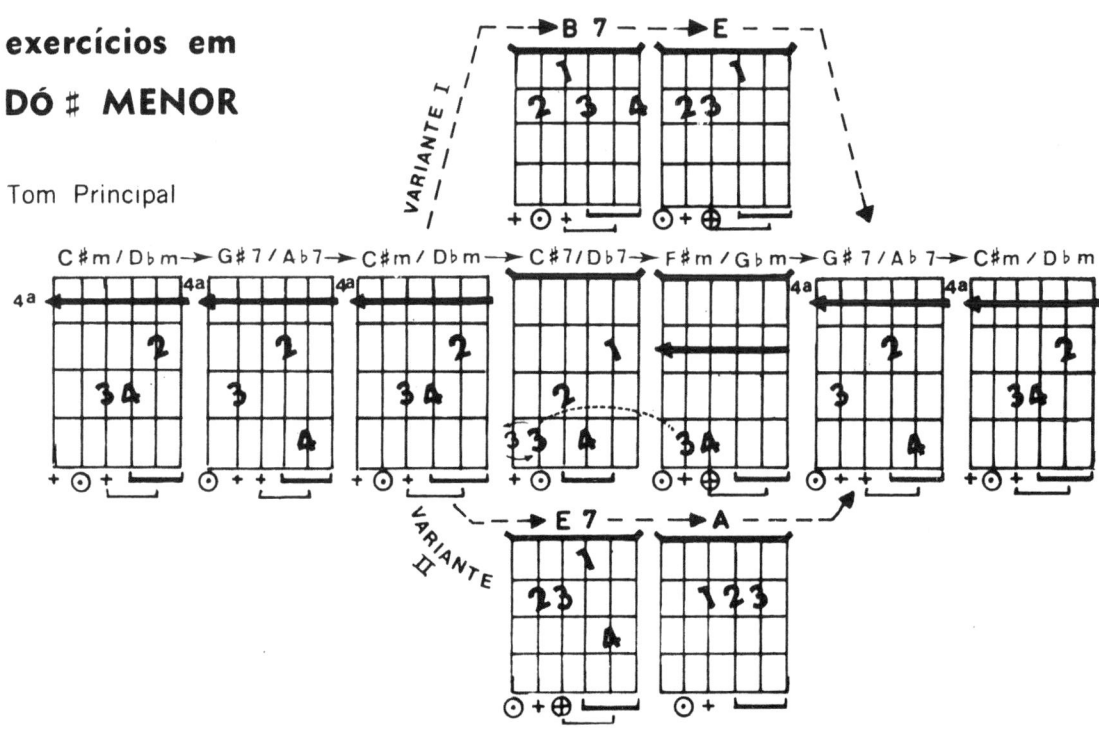

SI MAIOR
(RELATIVO DE SOL♯ MENOR)

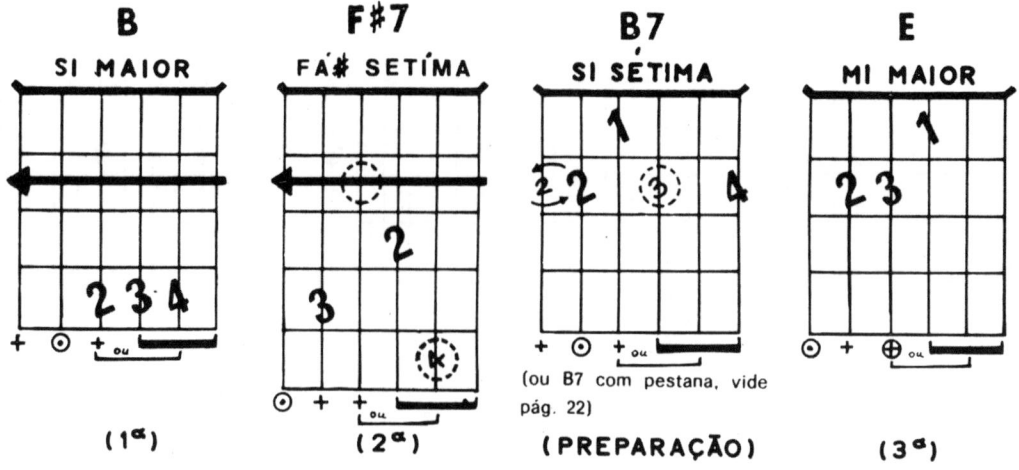

SOL♯ MENOR (ou LÁ♭ menor)
(RELATIVO DE SI MAIOR)

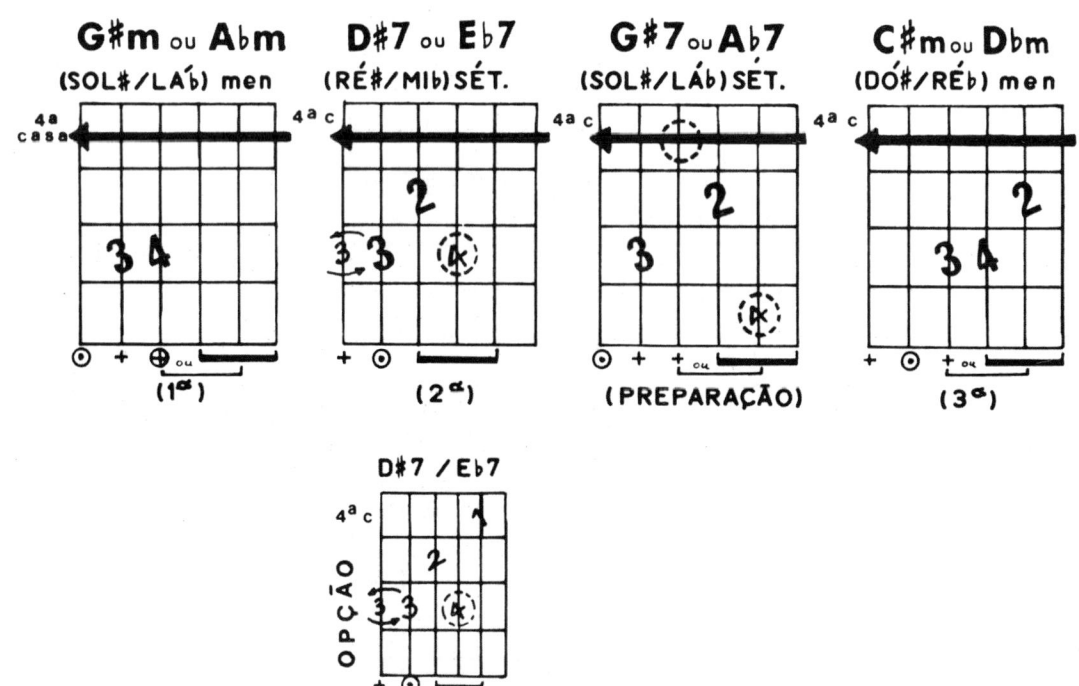

exercícios em SI MAIOR

Tom Principal

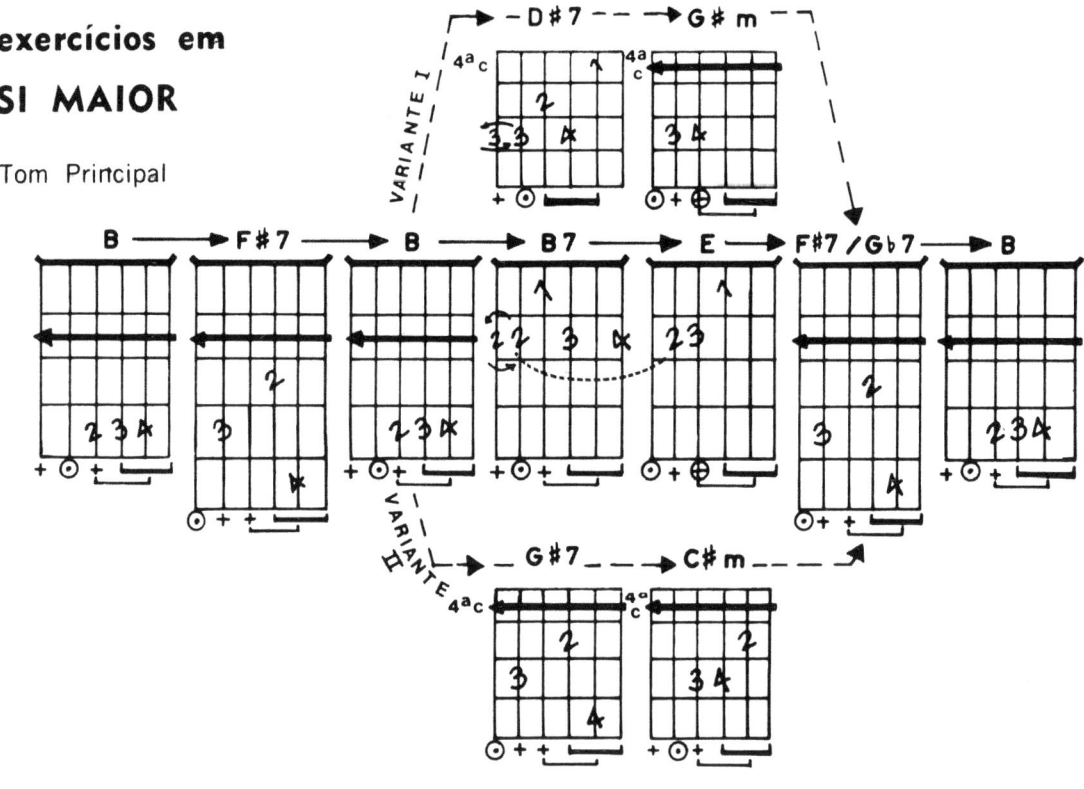

exercícios em SOL♯ MENOR

Tom Principal

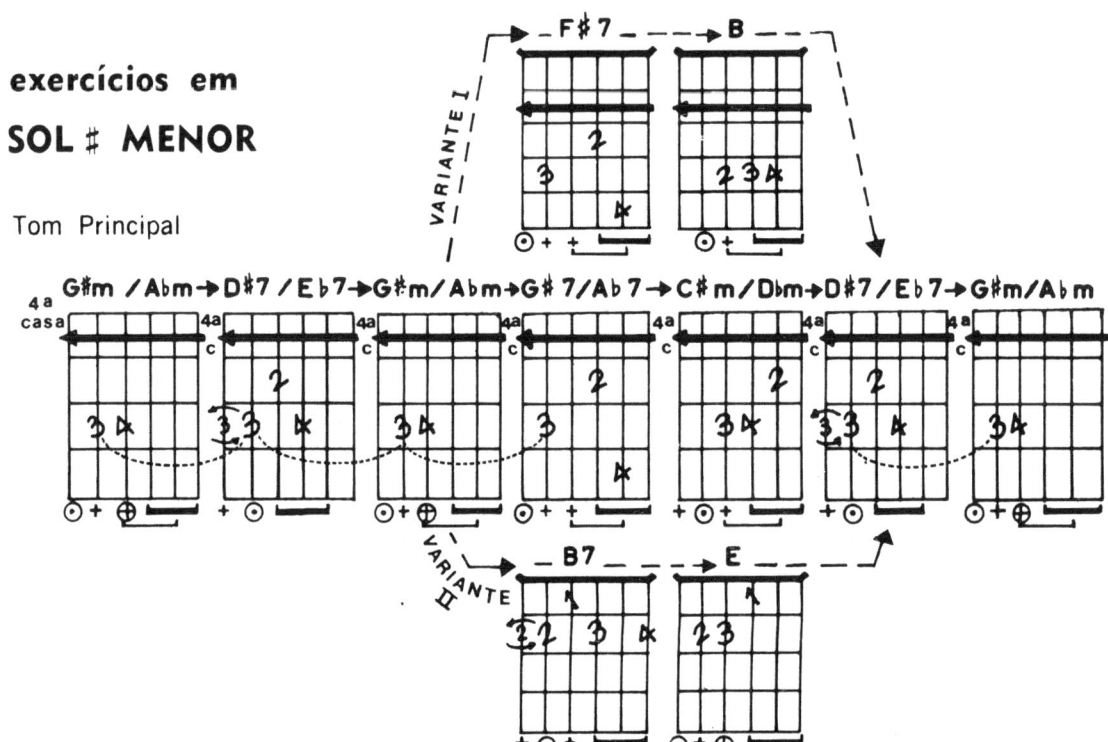

FÁ MAIOR
(RELATIVO DE RÉ MENOR)

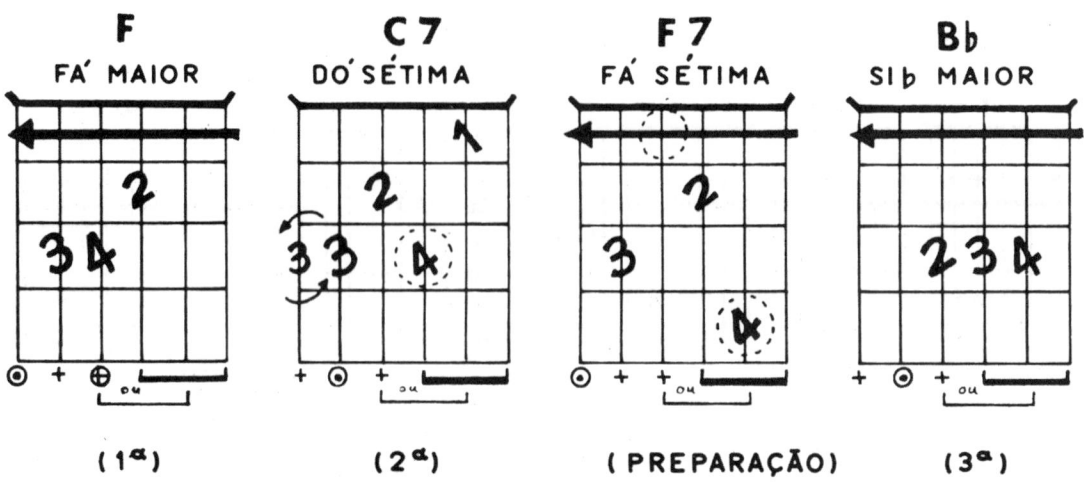

RÉ MENOR
(RELATIVO DE FÁ MAIOR)

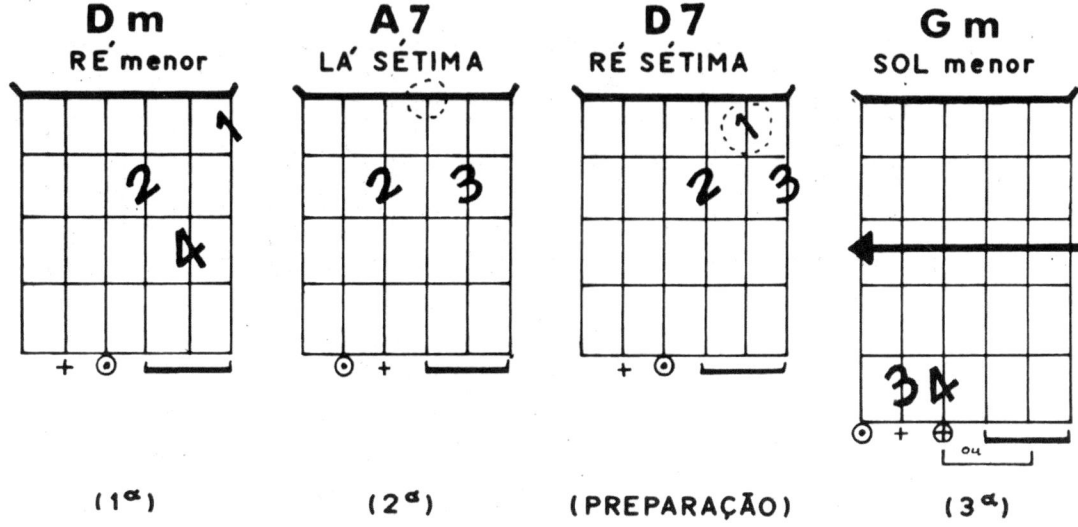

exercícios em FÁ MAIOR

Tom Principal

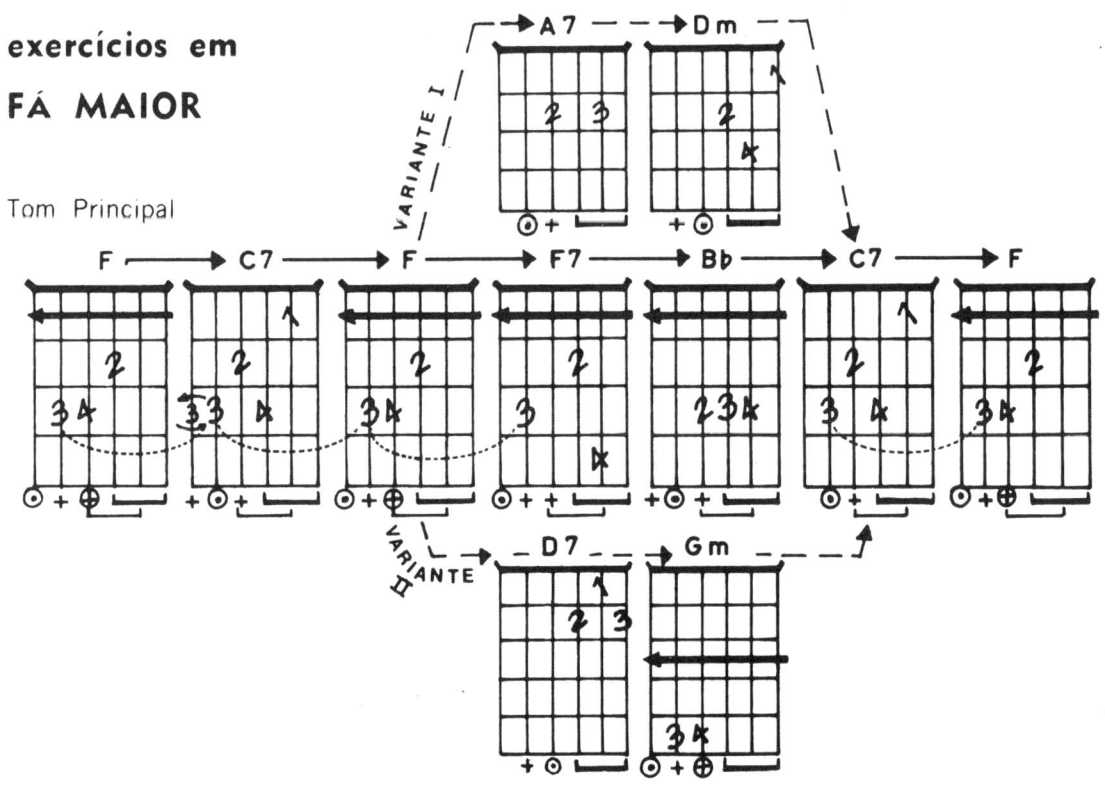

exercícios em RÉ MENOR

Tom Principal

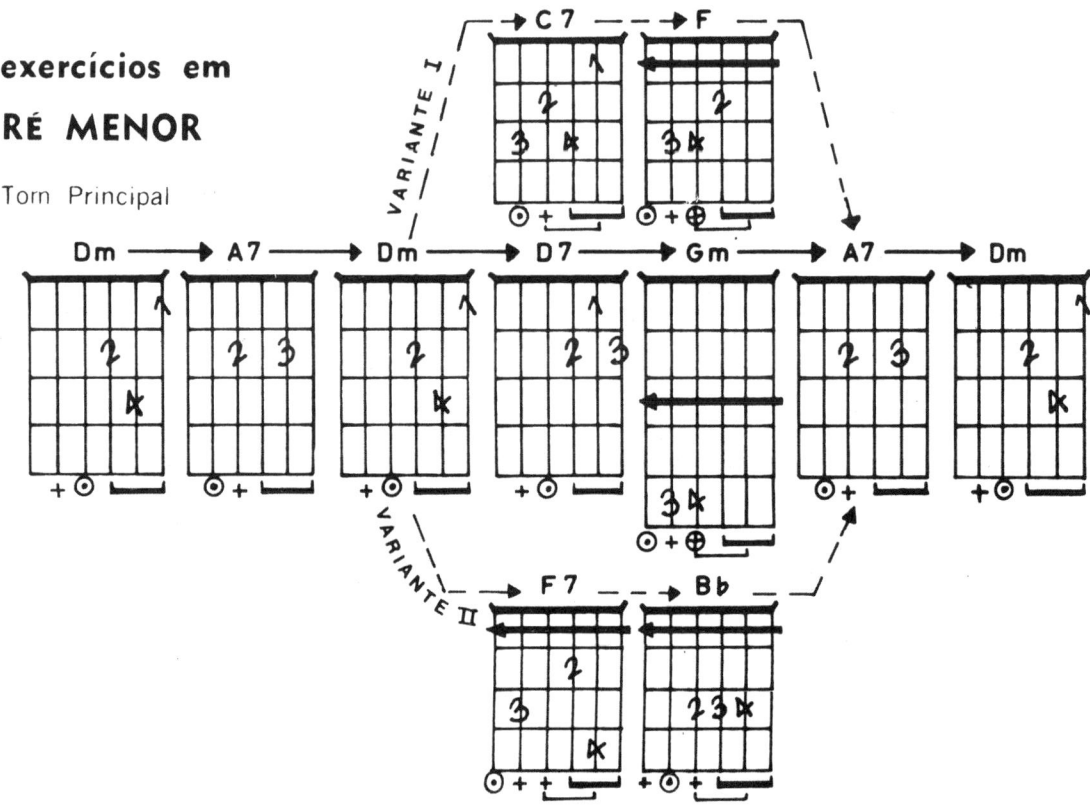

SI♭ MAIOR (ou LÁ♯ maior)
(RELATIVO DE SOL MENOR)

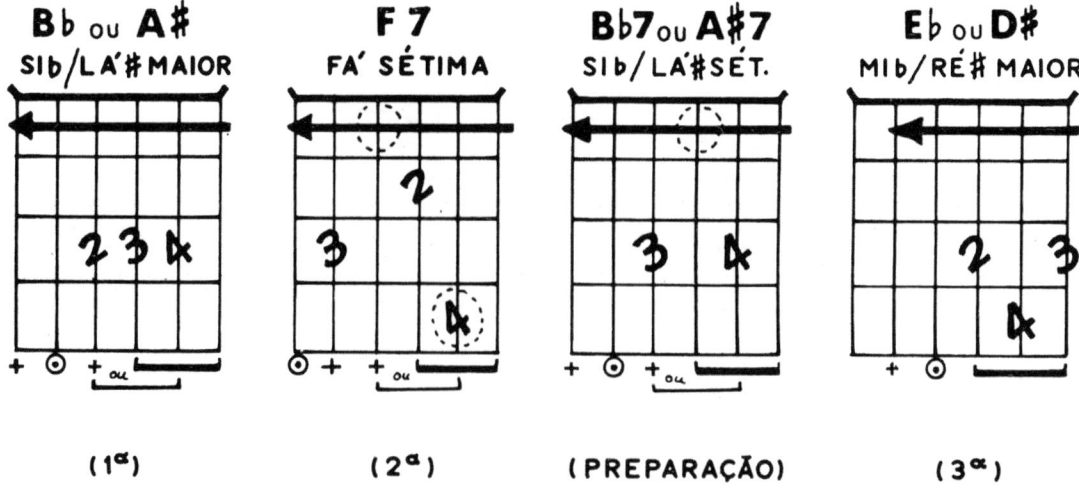

Observação: — Si♭ maior e LÁ♯ maior correspondem praticamente a um mesmo tom.

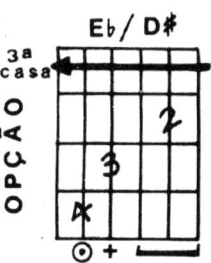

SOL MENOR
(RELATIVO DE SI♭ MAIOR)

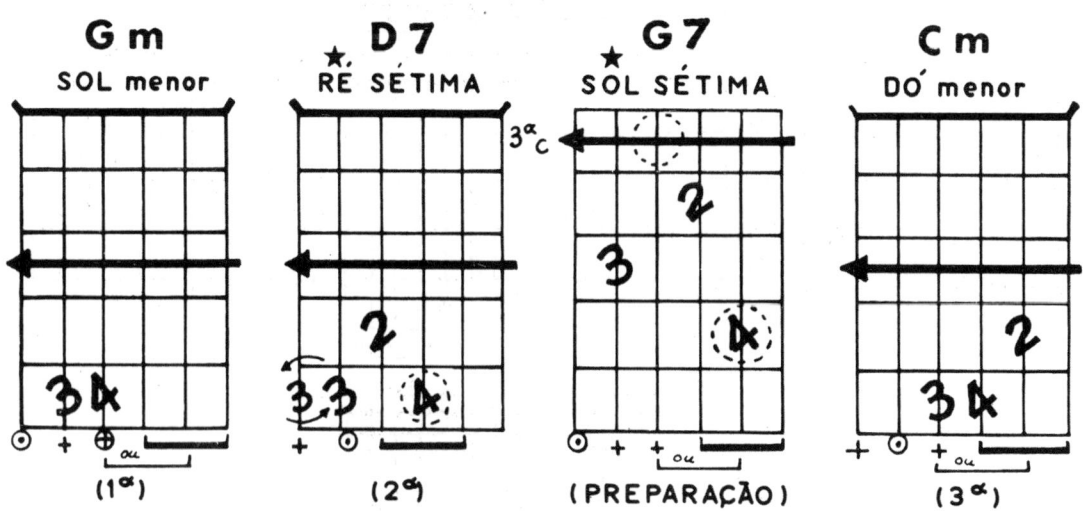

(★) Os acordes D7 e G7 podem tambem ser usados como no tom de Sol Maior. (Vide pág. 20).

exercícios em
SI♭ MAIOR

Tom Principal

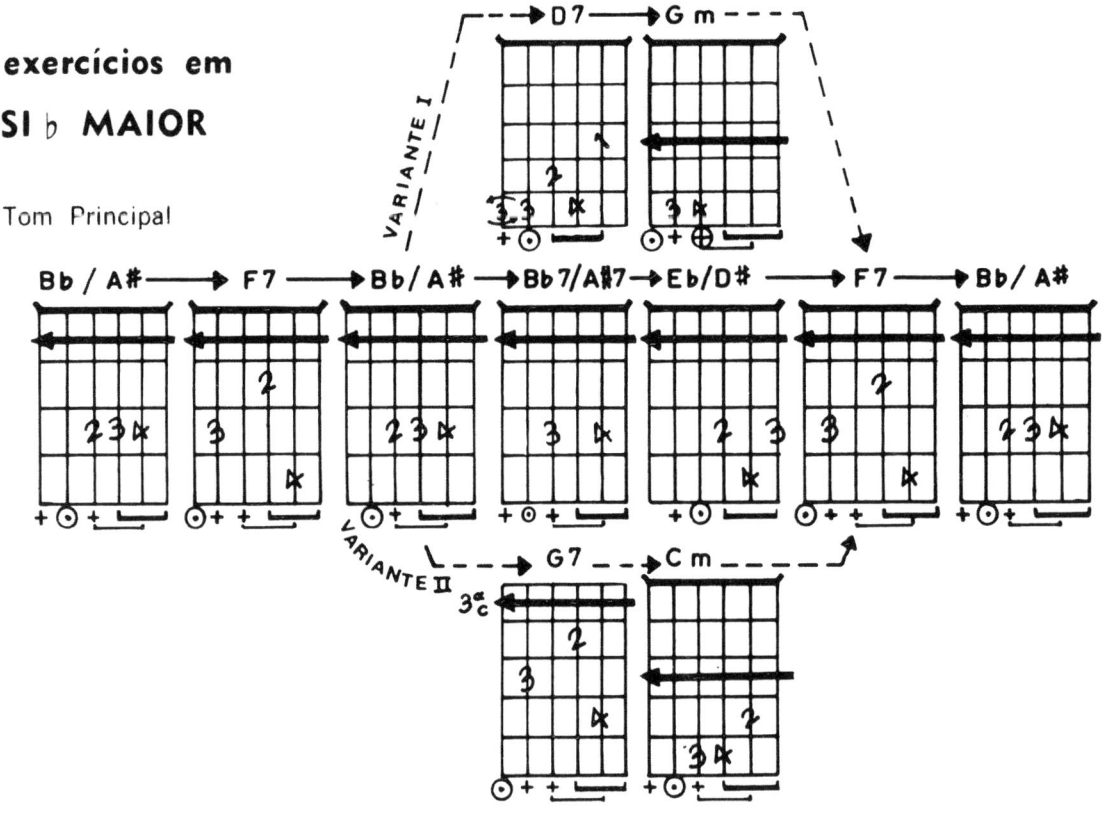

exercícios em
SOL MENOR

Tom Principal

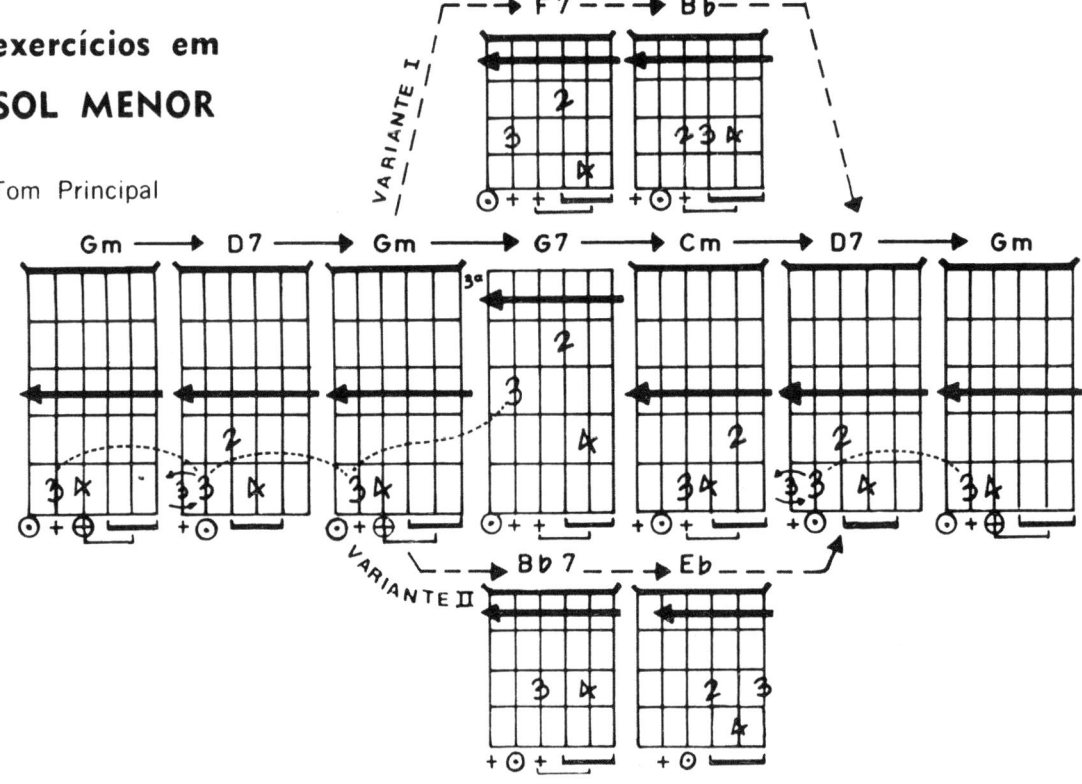

MI♭ MAIOR (ou RÉ♯ maior)
(RELATIVO DE DÓ MENOR)

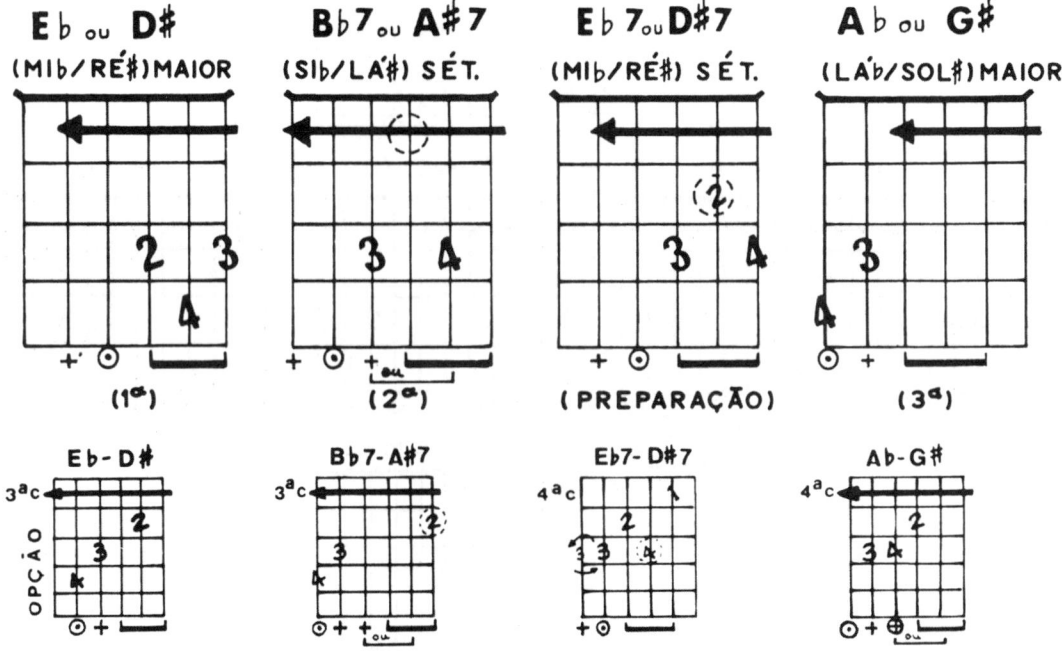

Observação: — Mi♭ maior e RÉ♯ maior correspondem praticamente a um mesmo tom.

DÓ MENOR
(RELATIVO DE MI♭ MAIOR)

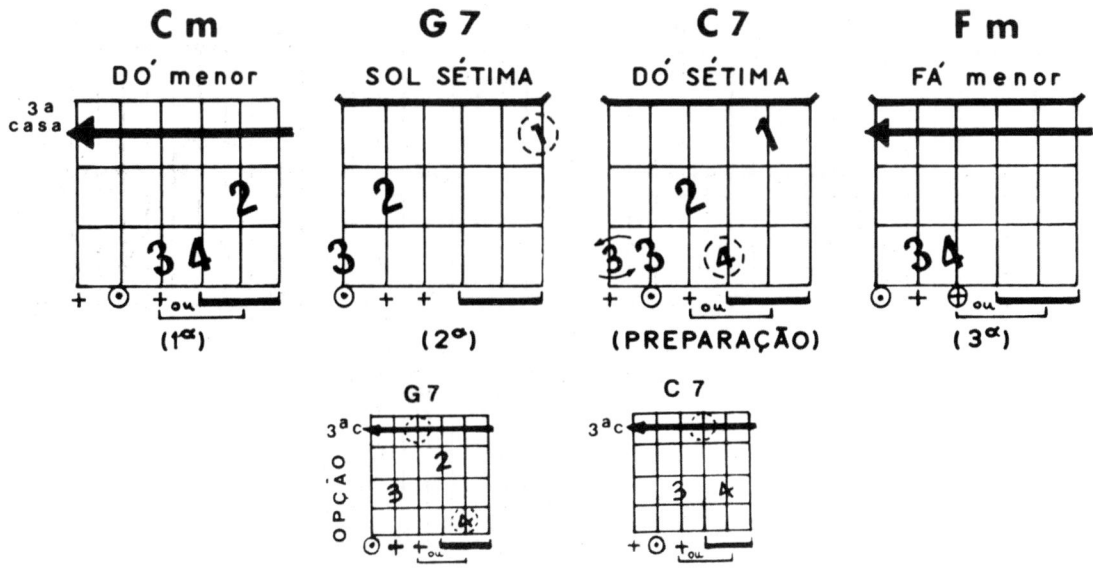

exercícios em MI ♭ MAIOR

Tom Principal

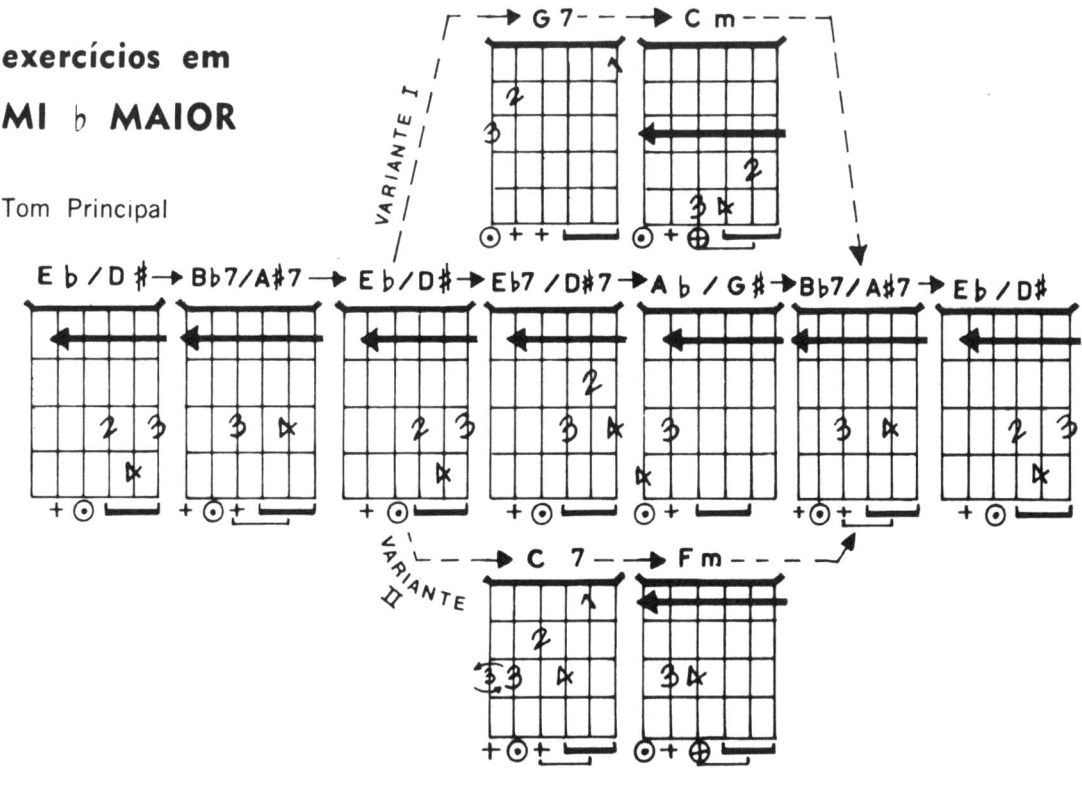

exercícios em DÓ MENOR

Tom Principal

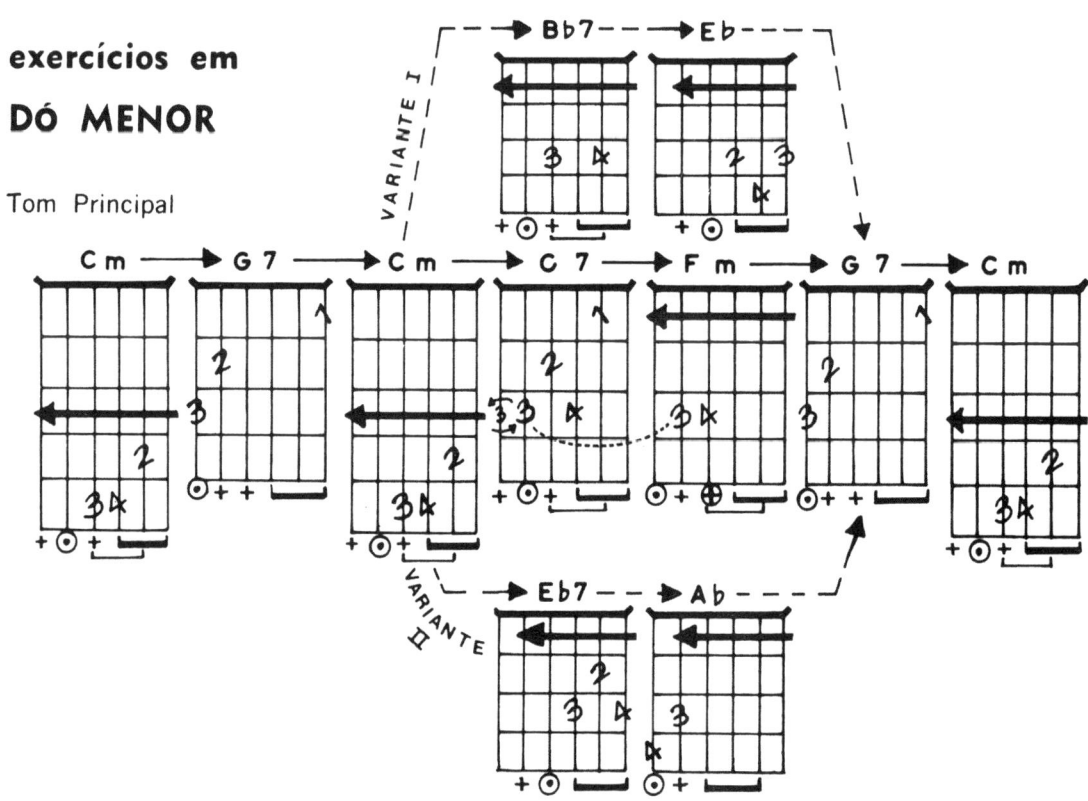

LÁ♭ MAIOR (ou SOL♯ maior)
(RELATIVO DE FÁ MENOR)

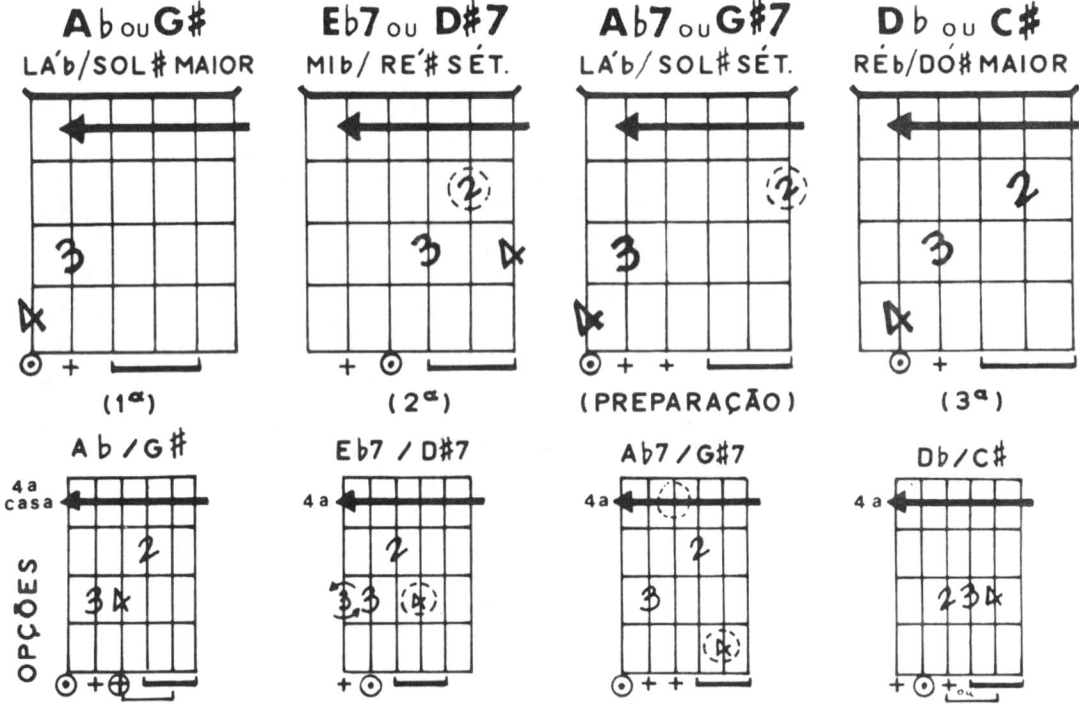

Observação: — LÁ♭ maior e SOL♯ maior correspondem praticamente a um mesmo tom.

FÁ MENOR
(RELATIVO DE LÁ♭ MAIOR)

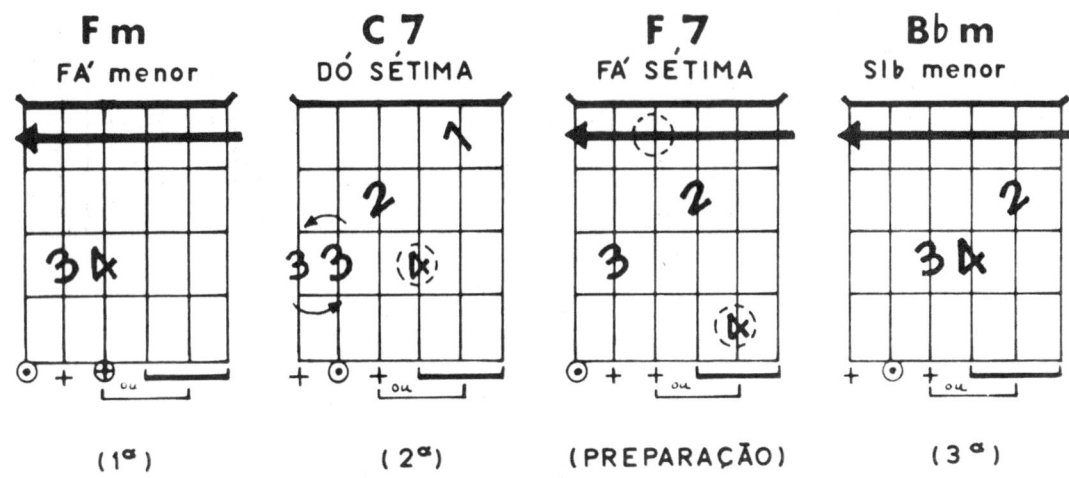

exercícios em
LÁ♭ MAIOR

Tom Principal

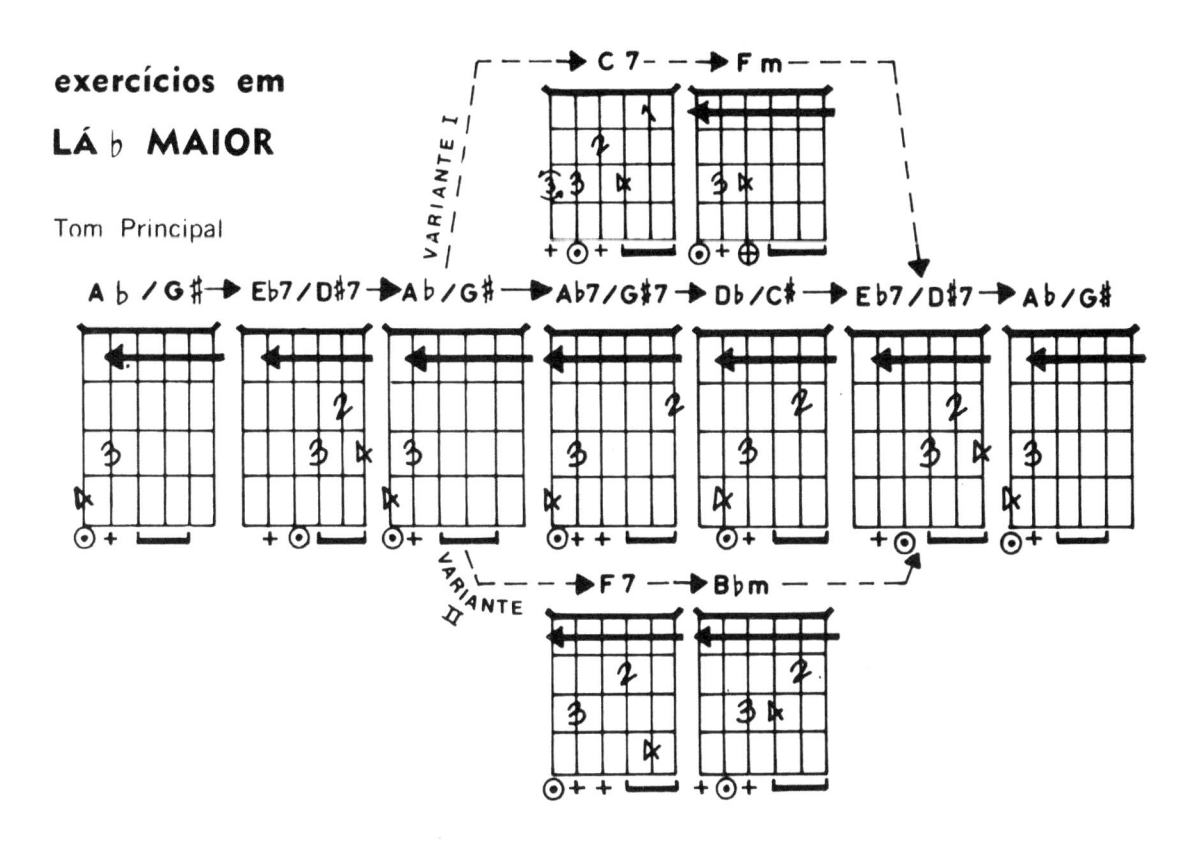

VARIANTE I: → C7 → Fm →

A♭/G♯ → E♭7/D♯7 → A♭/G♯ → A♭7/G♯7 → D♭/C♯ → E♭7/D♯7 → A♭/G♯

VARIANTE II: → F7 → B♭m →

exercícios em
FÁ MENOR

Tom Principal

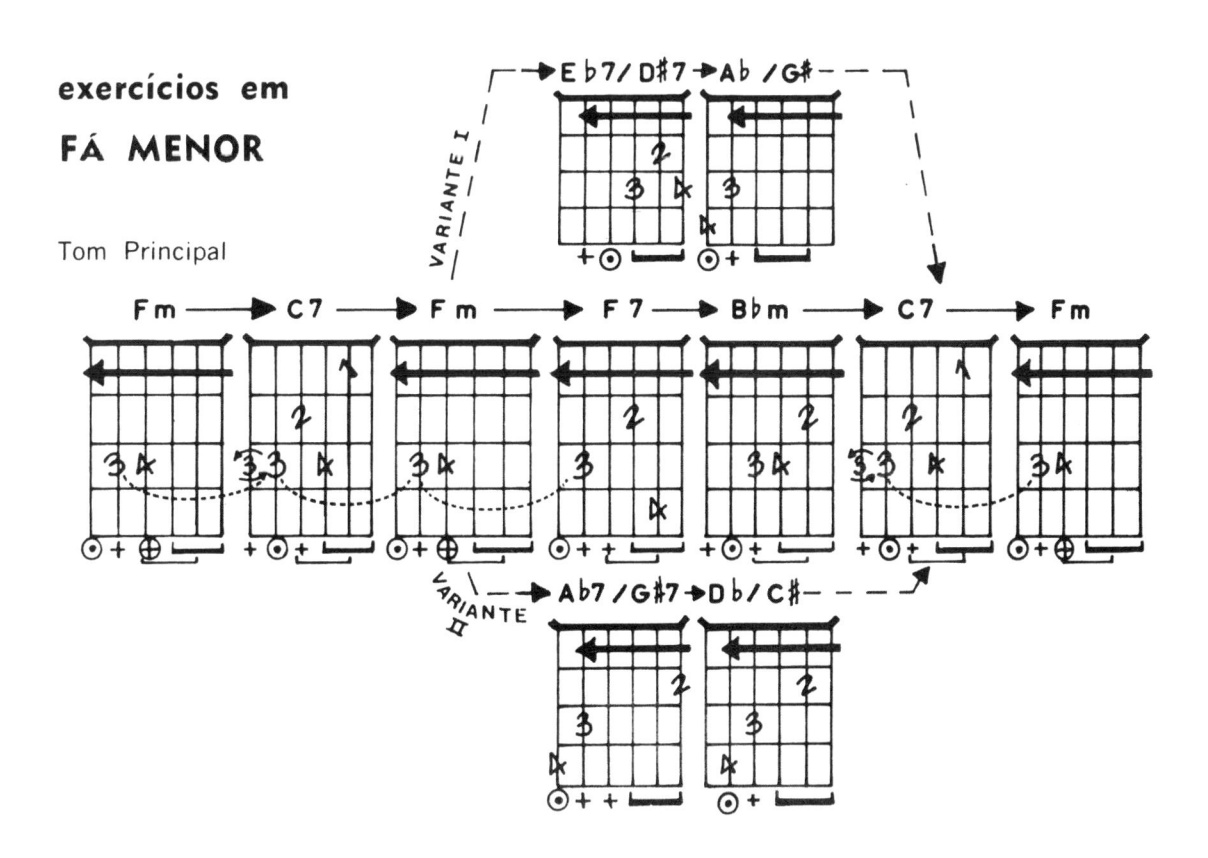

VARIANTE I: → E♭7/D♯7 → A♭/G♯ →

Fm → C7 → Fm → F7 → B♭m → C7 → Fm

VARIANTE II: → A♭7/G♯7 → D♭/C♯ →

RÉ♭ MAIOR (ou DÓ♯ maior)
(RELATIVO DE SI♭ MENOR)

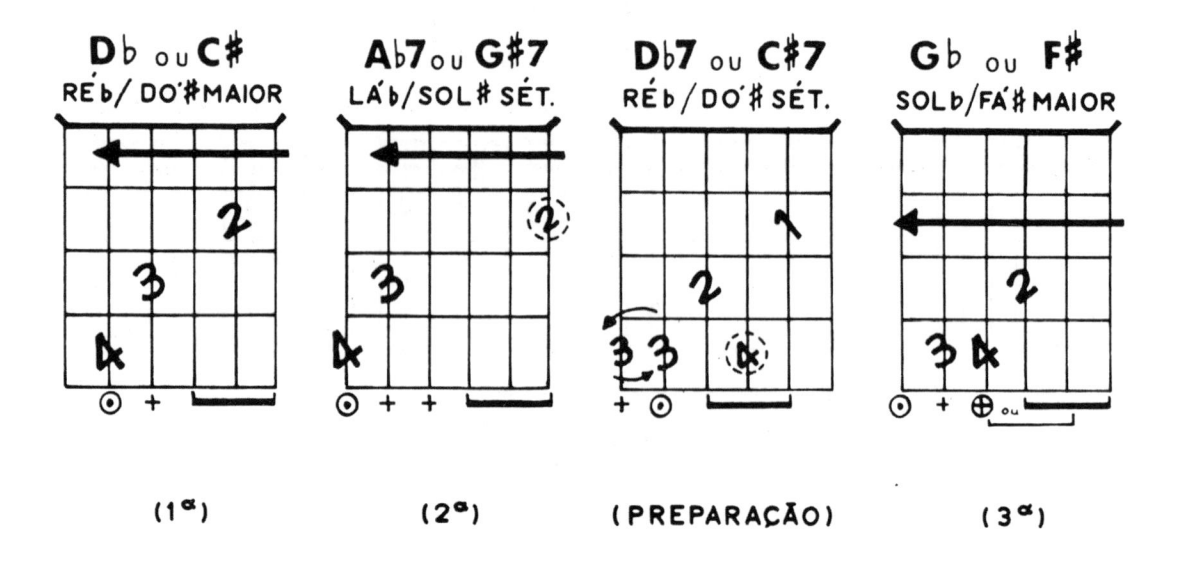

D♭ ou **C♯**
RÉ♭/DÓ♯ MAIOR

A♭7 ou **G♯7**
LÁ♭/SOL♯ SÉT.

D♭7 ou **C♯7**
RÉ♭/DÓ♯ SÉT.

G♭ ou **F♯**
SOL♭/FÁ♯ MAIOR

(1ª)　(2ª)　(PREPARAÇÃO)　(3ª)

SI♭ MENOR (ou LÁ♯ menor)
(RELATIVO DE RÉ♭ MAIOR)

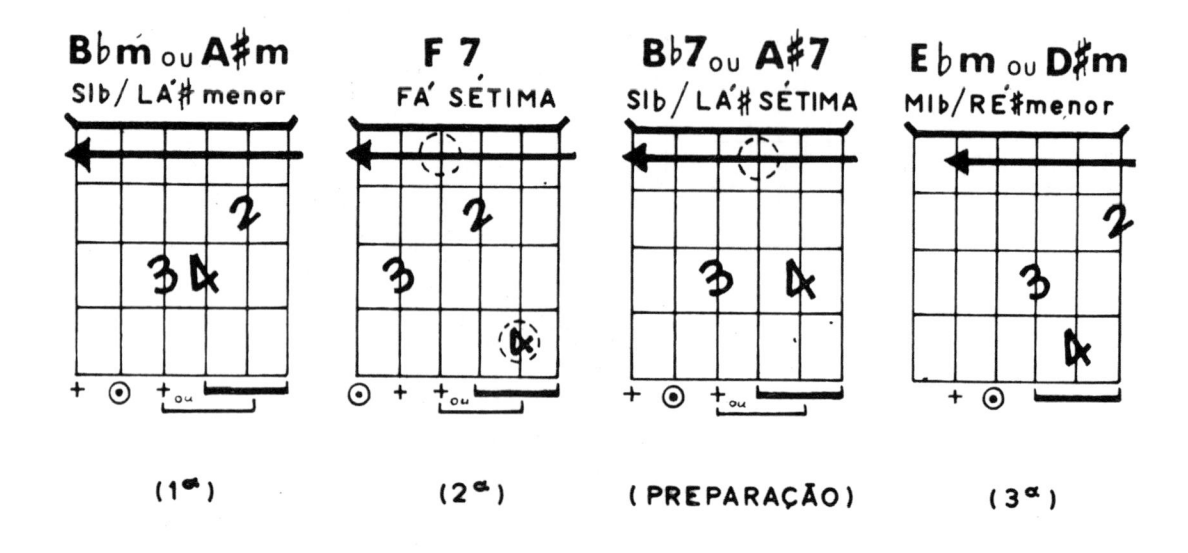

B♭m ou **A♯m**
SI♭/LÁ♯ menor

F 7
FÁ SÉTIMA

B♭7 ou **A♯7**
SI♭/LÁ♯ SÉTIMA

E♭m ou **D♯m**
MI♭/RÉ♯ menor

(1ª)　(2ª)　(PREPARAÇÃO)　(3ª)

PRIMEIROS ACORDES AO VIOLÃO

exercícios em RÉ♭ MAIOR

Tom Principal

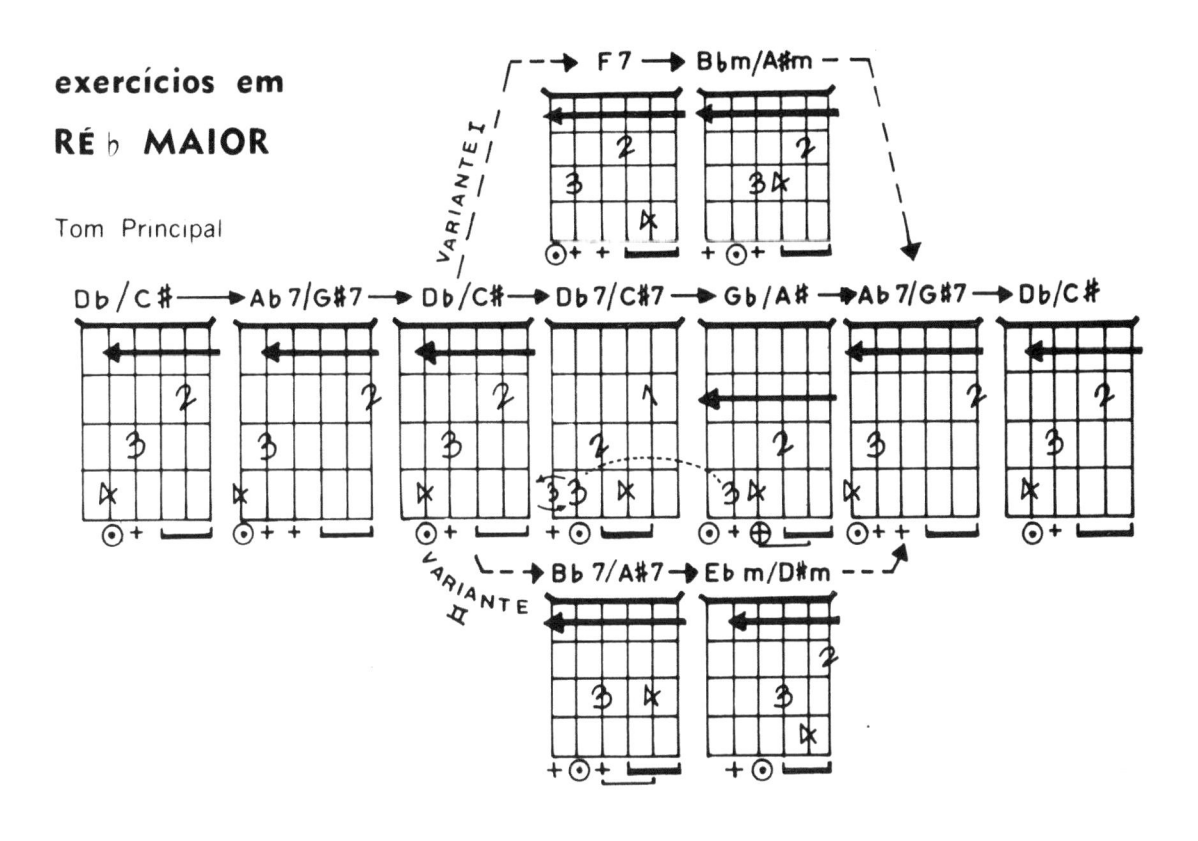

VARIANTE I: → F7 → B♭m/A#m

D♭/C# → A♭7/G#7 → D♭/C# → D♭7/C#7 → G♭/A# → A♭7/G#7 → D♭/C#

VARIANTE II: → B♭7/A#7 → E♭m/D#m

exercícios em SI♭ MENOR

Tom Principal

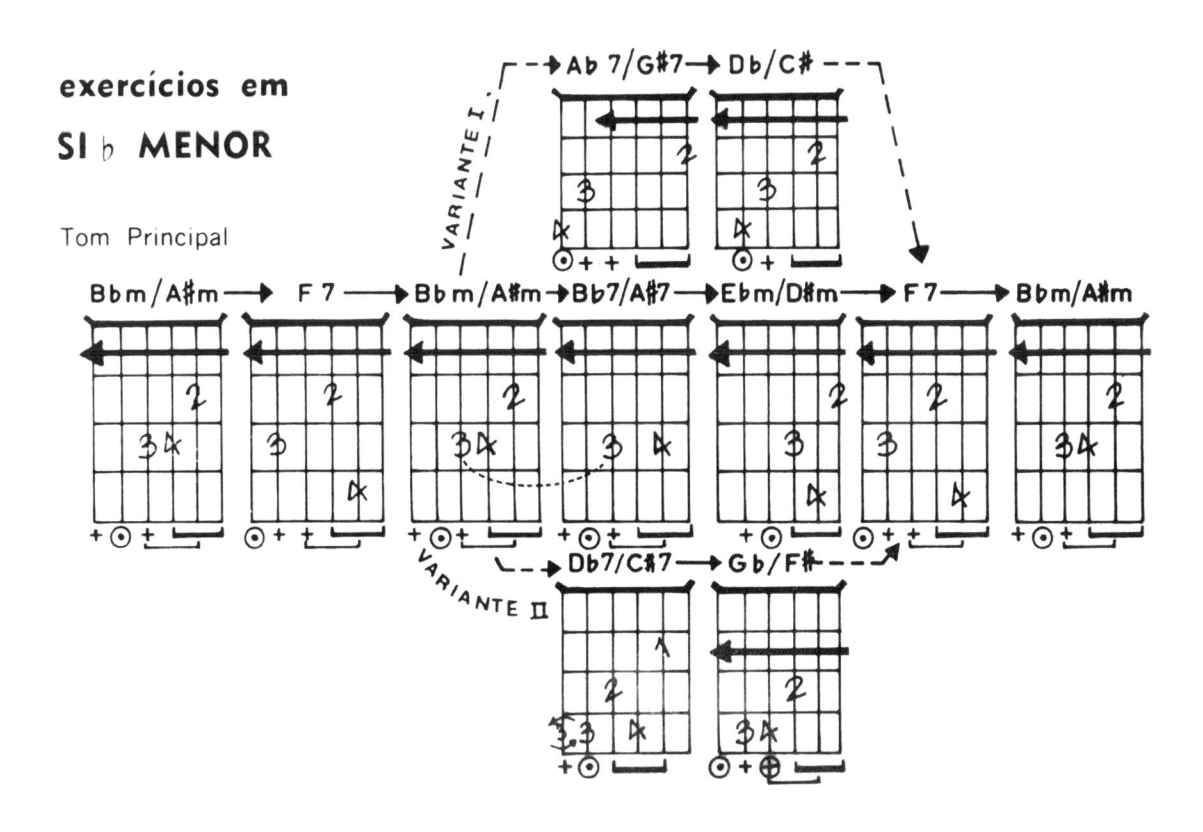

VARIANTE I: → A♭7/G#7 → D♭/C#

B♭m/A#m → F7 → B♭m/A#m → B♭7/A#7 → E♭m/D#m → F7 → B♭m/A#m

VARIANTE II: → D♭7/C#7 → G♭/F#

SOL♭ MAIOR (ou FÁ♯ maior)
(RELATIVO DE MI♭ MENOR)

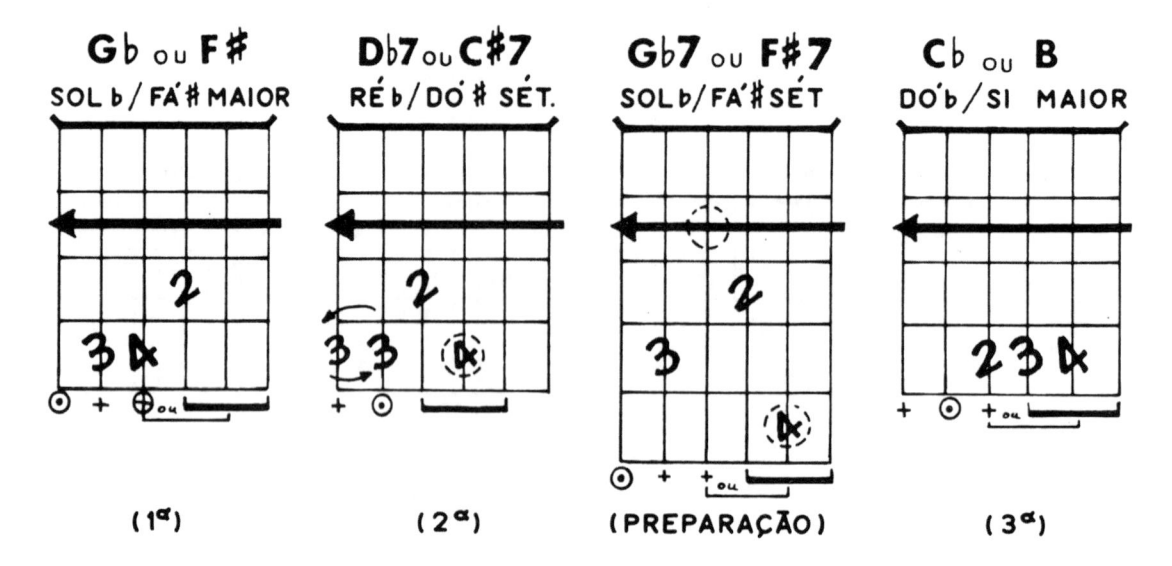

G♭ ou F♯	D♭7 ou C♯7	G♭7 ou F♯7	C♭ ou B
SOL♭/FÁ♯ MAIOR	RÉ♭/DÓ♯ SÉT.	SOL♭/FÁ♯ SÉT	DÓ♭/SI MAIOR
(1ª)	(2ª)	(PREPARAÇÃO)	(3ª)

NOTA — A posição do acorde D♭7 ou C♯7 pode ser feita sem pestana, como aparece no tom de (Ré♭ ou Dó♯ Maior). Vide pág. 38.

MI♭ MENOR (ou RÉ♯ menor)
(RELATIVO DE SOL♭ MAIOR)

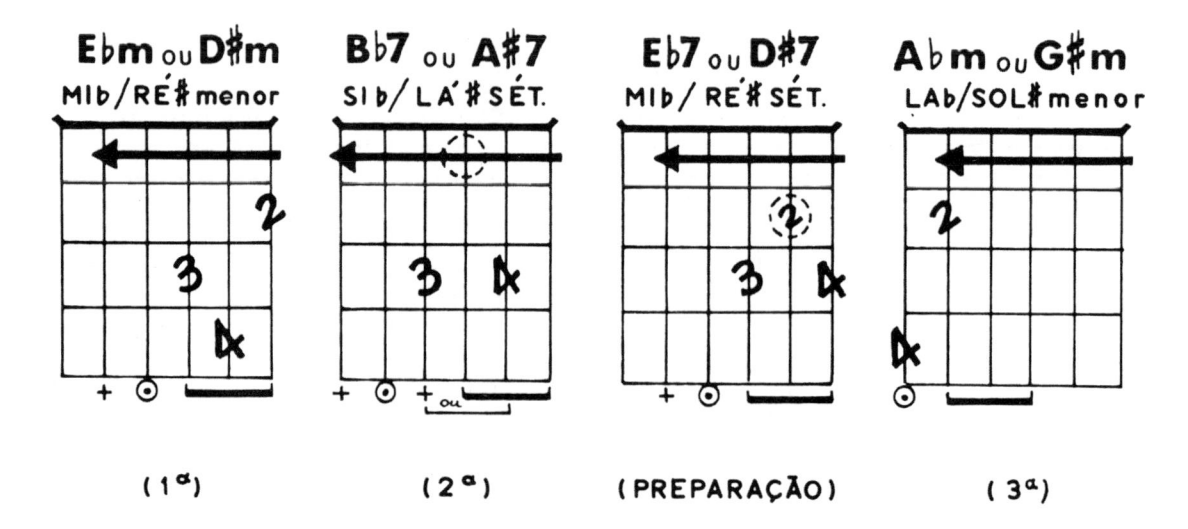

E♭m ou D♯m	B♭7 ou A♯7	E♭7 ou D♯7	A♭m ou G♯m
MI♭/RÉ♯ menor	SI♭/LÁ♯ SÉT.	MI♭/RÉ♯ SÉT.	LÁ♭/SOL♯ menor
(1ª)	(2ª)	(PREPARAÇÃO)	(3ª)

NOTA — A posição do acorde A♭m ou G♯m pode ser feita como aparece no tom de (Sol♯ m ou Lá♭ m). (Vide pág. 28).

exercícios em SOL♭ MAIOR

Tom Principal

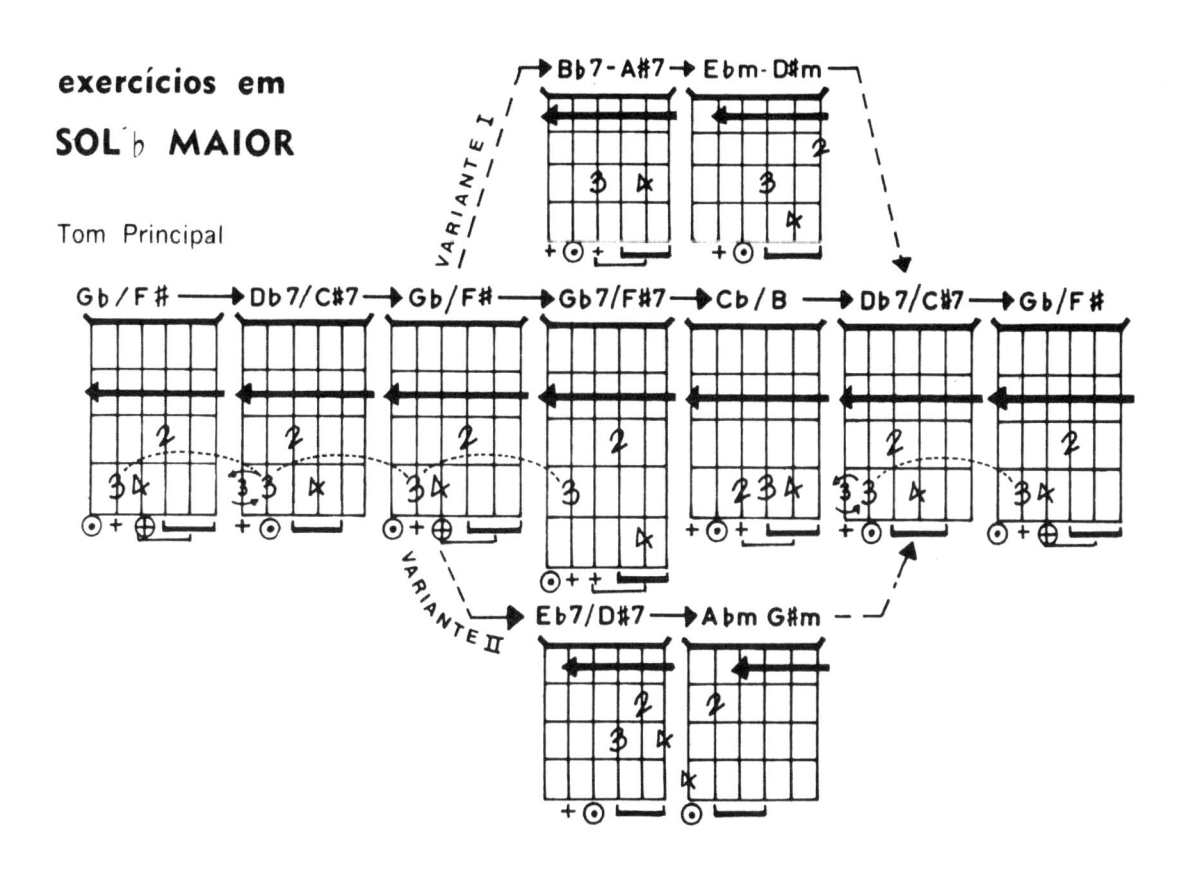

VARIANTE I: Bb7-A#7 → Ebm-D#m

G♭/F# → D♭7/C#7 → G♭/F# → G♭7/F#7 → C♭/B → D♭7/C#7 → G♭/F#

VARIANTE II: E♭7/D#7 → A♭m G#m

---

exercícios em MI♭ MENOR

Tom Principal

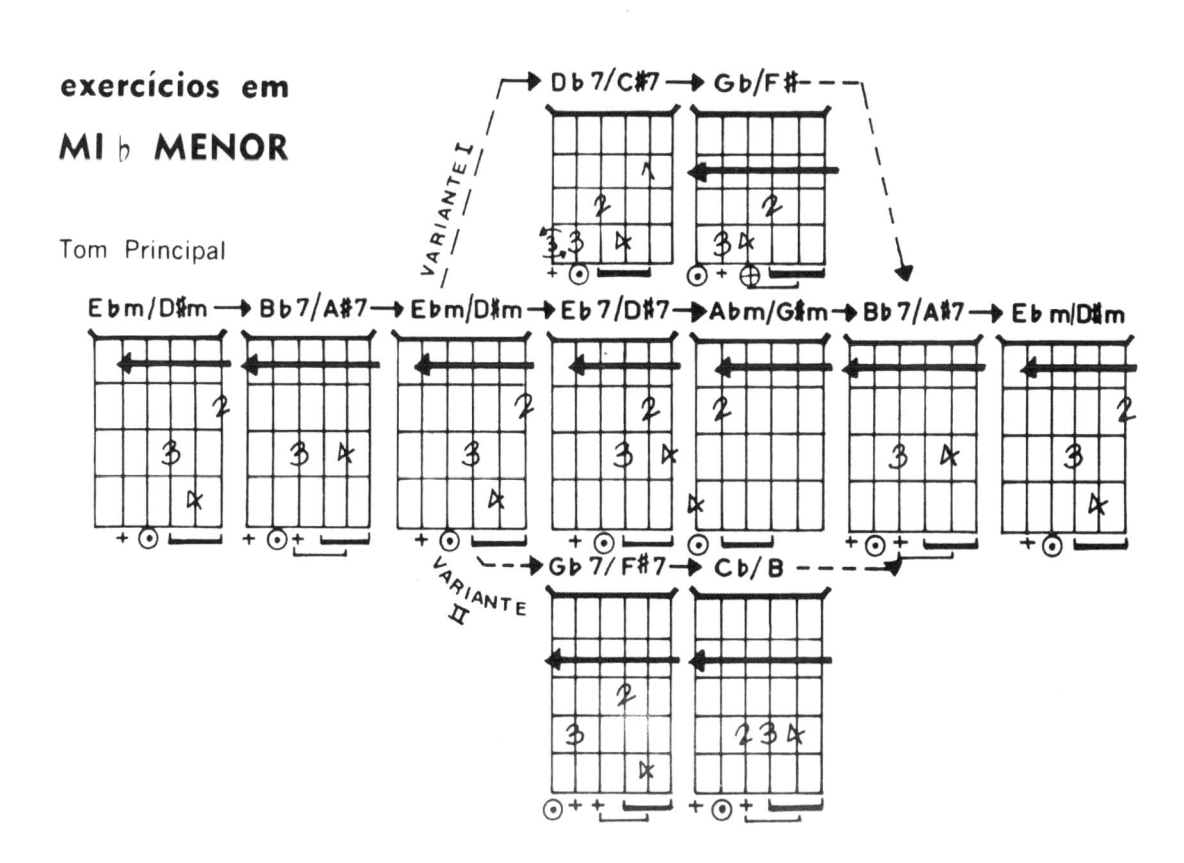

VARIANTE I: D♭7/C#7 → G♭/F#

E♭m/D#m → B♭7/A#7 → E♭m/D#m → E♭7/D#7 → A♭m/G#m → B♭7/A#7 → E♭m/D#m

VARIANTE II: G♭7/F#7 → C♭/B

RITMOS DIVERSOS

OBSERVAÇÕES IMPORTANTES:

Em primeiro lugar queremos lembrar aqui, que — O MELHOR PROCESSO PARA SE APRENDER UM RITMO É O DE IMITAÇÃO, isto é, OUVINDO E IMITANDO O PROFESSOR OU OUTRO BOM EXECUTANTE, DISCOS, RÁDIO, ETC. Assim sendo, os esquemas práticos de ritmos que são apresentados nas páginas seguintes deste método deverão ser considerados apenas como um recurso ou uma ajuda aos que, por qualquer circunstância, não puderem obter a assistência indispensável de um Professor.

Como todo gênero de música tem várias modalidades de ser acompanhado, os exemplos aqui apresentados, embora sejam muito usados atualmente, não devem ser considerados únicos e nem definitivos, pois existem muitos outros e também, porque todo violonista acaba criando a sua «base rítmica pessoal».

É possível que o aluno encontre certa dificuldade em interpretar alguns ritmos desta relação; isto será muito natural, pois alguns destes ritmos exigem grande quantidade de movimentos, lentos ou rápidos, tornando-se assim, um pouco difícil manter o equilíbrio necessário até que o mesmo seja completado. Esta dificuldade poderá, entretanto, ser vencida com uma prática constante e paciente, desde que se inicie o estudo de cada ritmo bem lento, para depois, gradativamente, acelerar até o ponto desejado ou ideal.

Posteriormente, o aluno aplicará os exemplos estudados e que forem bem assimilados, em melodias que sejam do seu agrado, devendo começar, naturalmente, escolhendo músicas e ritmos fáceis, isto é, aquelas que exijam poucos movimentos para a mão direita e poucas mudanças de posições para a mão esquerda.

Para os que tiverem a assistência de um Professor, ficará a critério deste a escolha de músicas adequadas ao adiantamento do aluno.

GRÁFICO DO BRAÇO DO VIOLÃO PARA REPRESENTAÇÃO DOS RITMOS

Atenção: — Pela posição do gráfico e pela ordem de numeração das cordas, deve-se entender que o desenho está mostrando o braço do Violão como se estivesse sendo visto de frente ou deitado no colo do executante (com o braço na horizontal e para a esquerda).

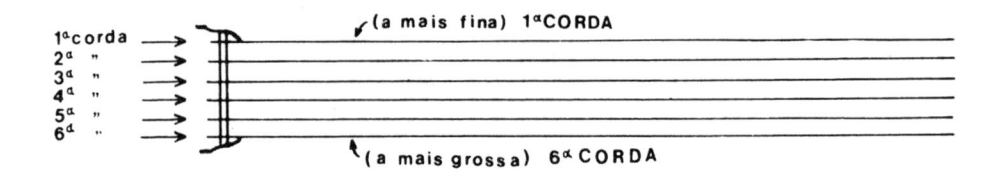

```
1ª corda  →  ┬──────── (a mais fina) 1ª CORDA
2ª   "    →  ┼────────────────────────────
3ª   "    →  ┼────────────────────────────
4ª   "    →  ┼────────────────────────────
5ª   "    →  ┼────────────────────────────
6ª   "    →  ┴──────── (a mais grossa) 6ª CORDA
```

RITMO E COMPASSO

De acordo com a finalidade deste método, podemos definir **Ritmo,** como sendo uma sucessão de Baixos, Acordes ou Arpejos, que se repetem continuamente e que serve como base de acompanhamento para determinadas melodias.

Os Ritmos se apoiam em acentuações denominadas **Tempos;** os tempos podem ser contados de dois em dois, de três em três ou de quatro em quatro. A cada tipo de contagem dá-se o nome de **Compasso,** o qual será usado de acordo com gênero de música.

Quando a contagem é feita de 2 em 2 se diz que o compasso é Binário.

Quando a contagem é feita de 3 em 3 se diz que o compasso é Ternário.

Quando a contagem é feita de 4 em 4 se diz que o compasso e Quaternário.

COMO CONTAR OS TEMPOS

Importante: Os tempos devem ser contados com a máxima igualdade, por exemplo — assim como os movimentos feitos pela pêndula de um relógio.

Para os ritmos de 2 tempos (compasso Binário) a contagem é feita assim:

1 — 2 — | 1 — 2 — | 1 — 2 — | é usado para Marchas, Toadas, etc.

Para os ritmos de 3 tempos (compasso Ternário) a contagem é feita assim:

1 — 2 — 3 | 1 — 2 — 3 | é usado para Valsas, Rancheiras, etc.

Para os ritmos de 4 tempos (compasso Quaternário) a contagem é feita assim:

1 — 2 — 3 — 4 — | 1 — 2 — 3 — 4 | é usado para Canções, Hinos, Música Jovem, etc.

CONTAGEM DE MEIOS TEMPOS

Muitos ritmos exigem a contagem dos **meios tempos**; neste caso, acrescenta-se entre a contagem dos tempos normais a vogal (e) que ficará correspondendo a estes meios tempos, assim:

A 2 tempos 1 e 2 e | 1 e 2 e | 1 e 2 e | etc.

A 3 tempos 1 e 2 e 3 e | 1 e 2 e 3 e | 1 e 2 e 3 e | etc.

A 4 tempos 1 e 2 e 3 e 4 e | 1 e 2 e 3 e 4 e | etc.

SINAIS (CONVENCIONAIS) DE EXECUÇÃO USADOS NAS PÁGINAS DE RITMOS
(PARA A MÃO DIREITA)

⊙ — **Baixo Principal** (é tocado com o dedo polegar).

X — **Baixo de Variação** (tocado com o dedo polegar).

a⎤
m⎥
i⎦
— **Chaveta** (de Acorde) — indica as três cordas que deverão ser tocadas ao mesmo tempo para produzirem os **Acordes**.

i — tocar a corda assinalada — com o dedo **indicador**.
m — tocar a corda assinalada — com o dedo **médio**.
a — tocar a corda assinalada — com o dedo **anular**.

a⎤
m⎦
— tocar **ao mesmo tempo** as duas cordas assinaladas — com os dedos **médio** e **anular**.

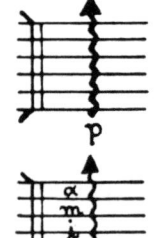

— **Grande Rasgueado** (da 6ª para a 1ª corda — com o polegar); indica que se deve deslizar o dedo em todas as cordas, com exceção dos casos em que o Acorde exclui determinadas cordas.

— **Grande Rasgueado** (da 6ª para a 1ª corda — com os dedos indicador, médio e anular); indica que se deve deslizar os dedos (com a parte externa das unhas) em todas as cordas, com exceção dos casos em que o Acorde exclui determinadas cordas.

— **Pequeno Rasgueado** (da 1ª para a 3ª ou 4ª corda — com o dedo indicador); indica que se deve deslizar o dedo nas cordas assinaladas.

— **Pequeno Rasgueado** (da 4ª ou 3ª corda para a 1ª — com o dedo indicador); indica que se deve deslizar o dedo nas cordas assinaladas.

— **Pequeno Rasgueado com «Abafamento»** (da 3ª ou 4ª corda para a 1ª — somente com o indicador ou com o indicador, médio e anular); indica que se deve deslizar um ou mais dedos sobre as cordas e, em seguida, «abafar» os sons rapidamente colocando a mão espalmada (aberta) sobre as cordas.

— indica que se deve tocar as cordas assinaladas ao **mesmo tempo** — usando os dedos polegar e anular.

— indica que se deve apenas **contar o tempo** ou o $\frac{1}{2}$ tempo «em branco»; isto é, **somente contar, sem tocar**.

PRIMEIROS ACORDES AO VIOLÃO

IMPORTANTE

Antes de iniciar a prática destes ritmos, leia as instruções dadas nas páginas de números 42, 43 e 44.

Use a posição de Mi menor (Em) para a prática dos ritmos.

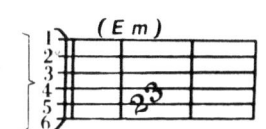

VALSA, RANCHEIRA, MINUETO, ETC.
(A 3 TEMPOS)

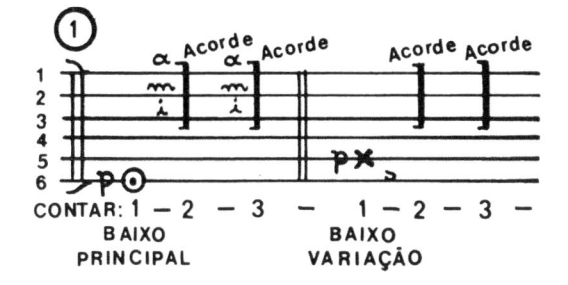

CONTAR: 1 — 2 — 3 — 1 — 2 — 3 —
BAIXO PRINCIPAL — BAIXO VARIAÇÃO

CANÇÃO (Simples)
(A 4 TEMPOS)

CONTAR: 1 — 2 — 3 — 4 — 1 — 2 — 3 — 4 —
BX. PRINC. — BX. VAR.

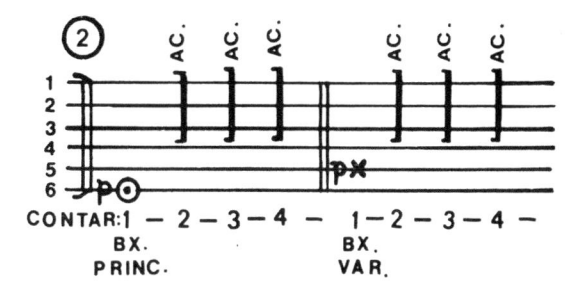

MARCHA, QUADRILHA, FADO (Simples)
(A 2 TEMPOS — COM MEIOS TEMPOS)

1 e 2 e

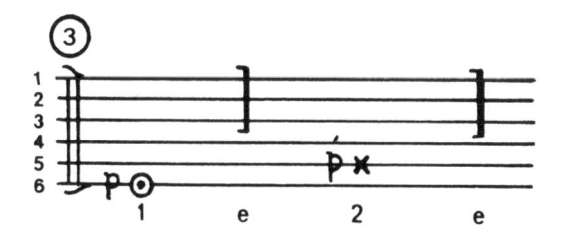

SAMBA-CANÇÃO (Simples)
(A 4 TEMPOS — COM MEIOS TEMPOS)

1 e 2 e 3 e 4 e

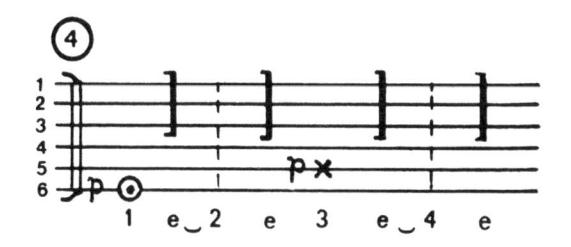

TOADA E CANÇÃO (Variação)
(A 2 TEMPOS — COM MEIOS TEMPOS)

1 e 2 e

SAMBA-CANÇÃO (Variação do n. 4)
(A 4 TEMPOS — COM MEIOS TEMPOS)

1 e 2 e 3 e 4 e

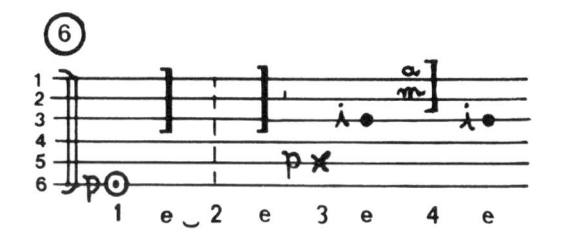

BOLERO
(A 4 TEMPOS — COM MEIOS TEMPOS)

1 e 2 e 3 e 4 e

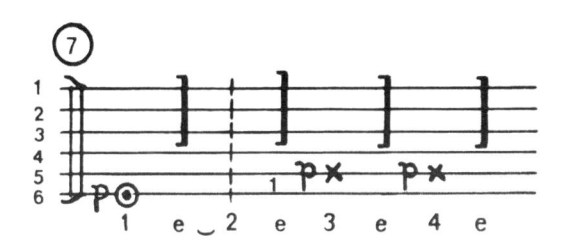

MÚSICA JOVEM (Yê-Yê-Yê)
(A 4 TEMPOS — COM MEIOS TEMPOS)

P 1 e 2 e P 3 e 4 e

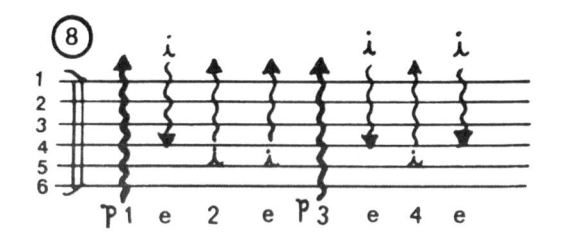

BOSSA-NOVA
(A 4 TEMPOS — COM MEIO TEMPO)

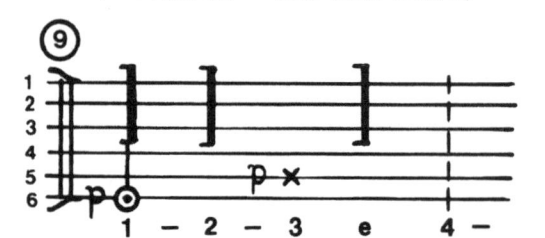

⑨

BOSSA-NOVA
(A 4 TEMPOS — COM MEIOS TEMPOS)

⑩

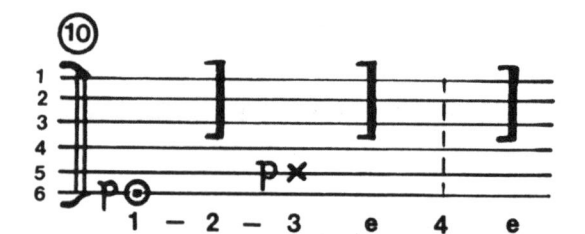

MARCHA-RANCHO

(A 4 TEMPOS — E MEIO TEMPO)   (A 4 TEMPOS)

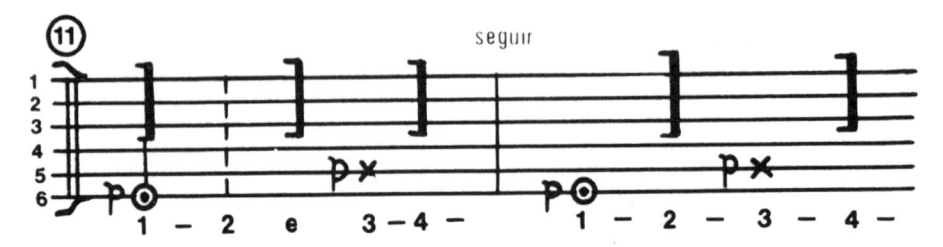

⑪

BAIÃO
(A 4 TEMPOS — COM MEIO TEMPO)

⑫

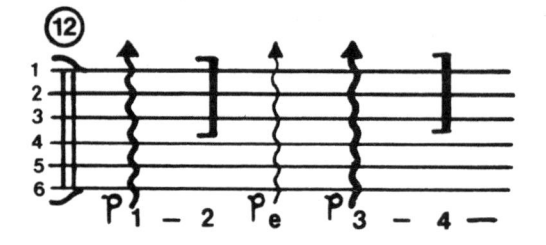

LENTO — PARA FOX-LENTO
RÁPIDO — PARA FOX-RÁPIDO E ROCK
(A 4 TEMPOS)

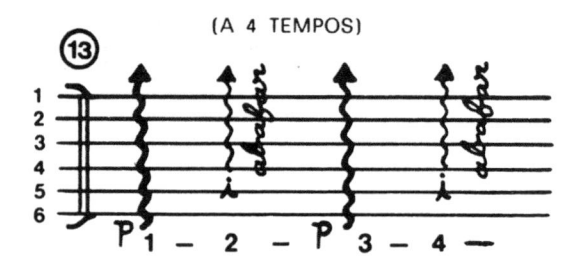

⑬

GUARÂNIA
(A 3 TEMPOS — COM MEIOS TEMPOS)

⑭

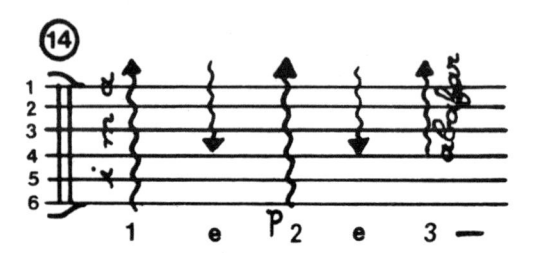

TANGO (Simples)
(A 4 TEMPOS)

⑮

PARA ALGUMAS TOADAS, CANÇÕES E MÚSICA JOVEM
(A 4 TEMPOS — COM MEIOS TEMPOS)

⑯

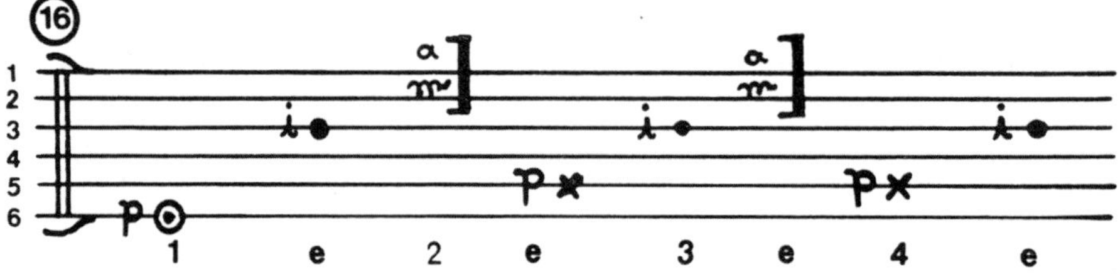

VARIAÇÃO DO RITMO ANTERIOR (N. 16)

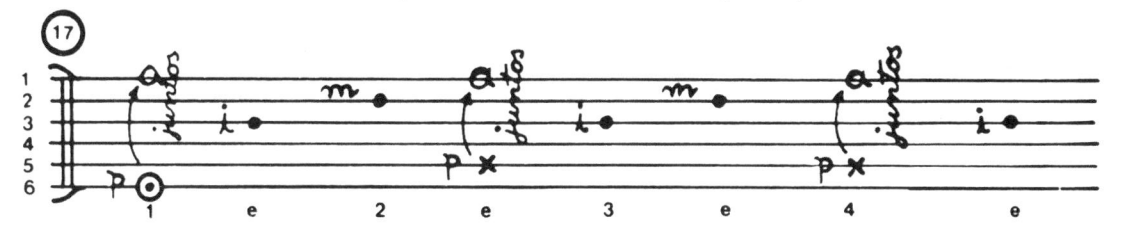

SAMBA TRADICIONAL (Simples)
(A 4 TEMPOS — COM MEIOS TEMPOS)

SAMBA-BATUCADA
(A DOIS DE 4 TEMPOS — COM MEIOS TEMPOS)

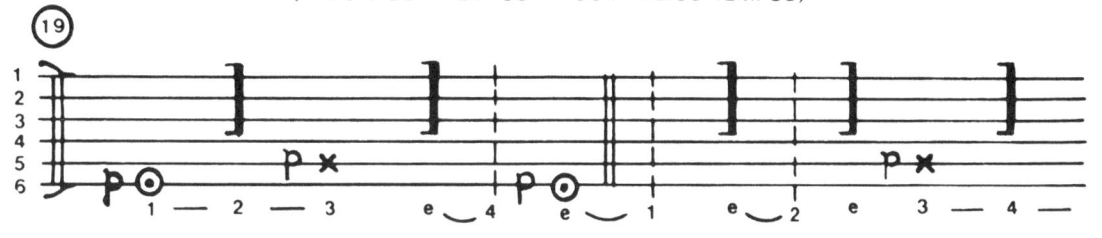

SAMBA-BATUCADA (Variação do n. 19)

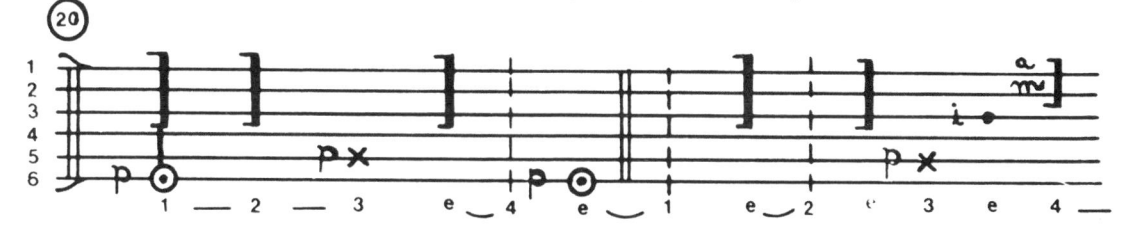

SAMBA-PARTIDO ALTO (Variação dos ns. 19 e 20)

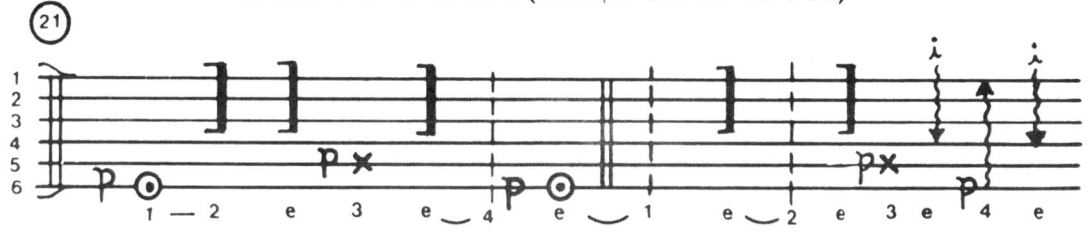

FORMAÇÃO DAS ESCALAS MAIORES E MENORES

Escala — é uma série de notas sucessivas e conjuntas (vizinhas) começando e terminando com uma nota do mesmo nome. Pode ser Ascendente (subindo) ou Descendente (descendo).

Cada nota de uma Escala constitui um **grau** e cada grau recebe um nome.

A distância entre as notas (graus), conforme a Escala, pode ser de tons ou de semitons.

ESCALA DE DÓ MAIOR (Modelo)

A Escala de DÓ MAIOR é **modelo** para todas as outras Escalas Maiores, isto é, a disposição dos tons e semitons deverá ser idêntica.

Formação da Escala de Dó Maior, mostrando os graus, seus nomes e a disposição dos tons e semitons:

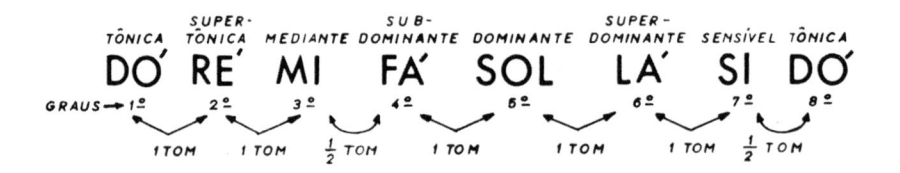

	TÔNICA	SUPER-TÔNICA	MEDIANTE	SUB-DOMINANTE	DOMINANTE	SUPER-DOMINANTE	SENSÍVEL	TÔNICA
Notas	DÓ	RE	MI	FÁ	SOL	LÁ	SI	DÓ
Graus	1º	2º	3º	4º	5º	6º	7º	8º
Intervalos	1 TOM	1 TOM	$\frac{1}{2}$ TOM	1 TOM	1 TOM	1 TOM	$\frac{1}{2}$ TOM	

ESCALA DE LÁ MENOR (Modelo)

A Escala de LÁ MENOR é **modelo** para todas as outras Escalas Menores, isto é, a disposição dos tons e semitons deverá ser idêntica.

Formação da Escala de LÁ MENOR, mostrando os graus, seus nomes e a disposição dos tons e semitons:

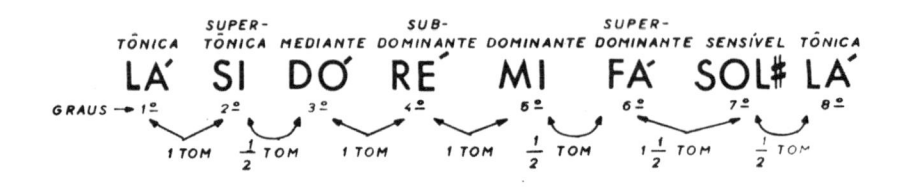

	TÔNICA	SUPER-TÔNICA	MEDIANTE	SUB-DOMINANTE	DOMINANTE	SUPER-DOMINANTE	SENSÍVEL	TÔNICA
Notas	LÁ	SI	DÓ	RE	MI	FÁ	SOL#	LÁ
Graus	1º	2º	3º	4º	5º	6º	7º	8º
Intervalos	1 TOM	$\frac{1}{2}$ TOM	1 TOM	1 TOM	$\frac{1}{2}$ TOM	$1\frac{1}{2}$ TOM	$\frac{1}{2}$ TOM	

TONS (ou Tonalidades)

Observação: Será oportuno fazer-se, agora, um breve esclarecimento sobre os dois significados da palavra TOM em Música. Anteriormente já a empregamos como medida de distância entre duas notas (ou seja — 1 tom ou 2 semitons), mas aqui, a empregaremos no seu outro significado, que é — a altura, na Escala Geral da Música, **em que se situa uma Escala, uma Seqüência Harmônica de Acordes ou uma Melodia.**

Cada escala, portanto, de acordo com a primeira nota (Tônica), seja esta natural ou alterada, estará situada numa determinada altura na Escala Geral, dando origem aos diversos Tons ou Tonalidades (ao todo — 30 Tons).

COMPOSIÇÃO DOS TONS

Dentro do critério prático deste método, podemos dizer que, cada Tom ou Tonalidade se compõe basicamente de três Acordes Principais, os quais são formados sobre os 1°, 4° e 5° graus de sua Escala.

Estes Acordes, pela ordem de importância, são:

1°) **Acorde da Tônica** (ou Primeira do Tom). É formado sobre o 1° grau da escala.

2°) **Acorde de Sétima da Dominante** (ou Segunda do Tom). É formado sobre o 5° grau da escala.

3°) **Acorde da Subdominante** (ou Terceira do Tom). É formado sobre o 4° grau da escala.

Exemplo da composição de um Tom Maior e de um Tom Menor, mostrando os seus Acordes Principais com as suas respectivas indicações por Cifra, por Extenso e Tradicional:

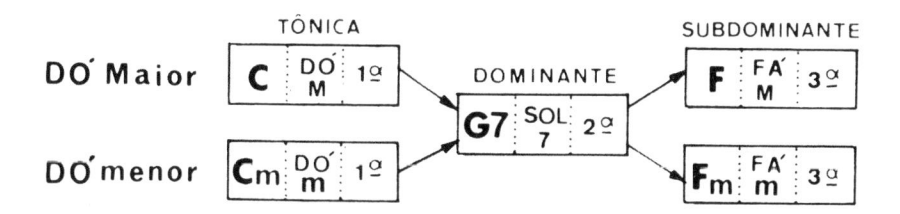

```
                    TÔNICA                                    SUBDOMINANTE
DÓ Maior     │ C   DÓ  1ª │                              │ F   FÁ  3ª │
                  M                DOMINANTE                  M
                                │ G7  SOL  2ª │
                                        7
DÓ menor     │ Cm  DÓ  1ª │                              │ Fm  FÁ  3ª │
                  m                                           m
```

ACORDE DE "PREPARAÇÃO"

Em algumas melodias, ao se empregar a 3ª do Tom (Subdominante), temos antes que «preparar» — como se costuma dizer — a sua entrada. Esta preparação se faz executando, antes da 3ª, um acorde denominado **Preparação**. (Este acorde de preparação, nada mais é que o Acorde da 1ª do Tom, ao qual se adiciona uma 7ª menor).

Como é muito freqüente a necessidade de se empregar este acorde de Preparação, ele passa a fazer parte dos Tons, os quais ficam agora compostos de quatro Acordes, como é mostrado a seguir:

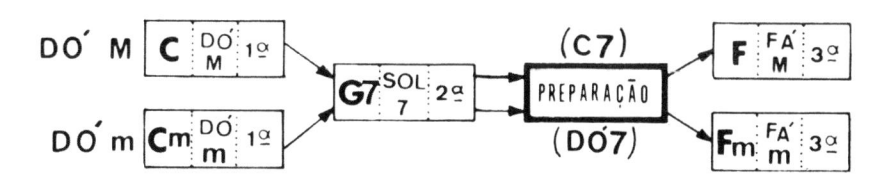

```
DÓ M  │ C  DÓ 1ª │                          (C7)              │ F  FÁ 3ª │
           M              │ G7 SOL 2ª │ ┌──────────┐                M
                                7       │PREPARAÇÃO│
DÓ m  │ Cm DÓ 1ª │                      └──────────┘          │ Fm FÁ 3ª │
           m                              (DÓ7)                   m
```

NOTA — Verifica-se pelos exemplos dados acima que: quando dois tons têm origem na mesma nota, (ou seja, têm a mesma Tônica), os **Acordes de 2ª do Tom** e de **Preparação** permanecem os mesmos nos dois Tons. (No exemplo acima a Tônica dos dois Tons é a nota Dó).

QUADRO PRÁTICO PARA ESTUDO DOS INTERVALOS

(INTERVALOS DE 2ª ATÉ 9ª)

INTERVALO: - É A DISTÂNCIA ENTRE DUAS NOTAS.

DE ACORDO COM A QUANTIDADE DE TONS E SEMITONS QUE HÁ ENTRE AS DUAS NOTAS O INTERVALO PODE SER:

2ª
- MAIOR — (1 TOM) — EX: DÓ → RÉ (2ª M, 1 TOM), RÉ → MI (2ª M, 1 TOM) ETC.
- MENOR — ($\frac{1}{2}$ TOM) — EX: DÓ → RÉb (2ª m, 1/2 TOM), RÉ → MIb (2ª m, 1/2 TOM) ETC.

3ª
- MAIOR — (2 TONS) — EX: DÓ — RÉ — MI (3ª M, 1T. 1T.), RÉ — MI — FÁ# (3ª M, 1T. 1T.) ETC.
- MENOR — ($1\frac{1}{2}$ TONS) — EX: DÓ — RÉ — MIb (3ª m, 1T. 1/2T.), RÉ — MI — FÁ (3ª m, 1T. 1/2T.) ETC.

4ª
- JUSTA — ($2\frac{1}{2}$ TONS) — EX: DÓ — RÉ — MI — FÁ (4ª JUSTA, 1T. 1T. 1/2T.) ETC.
- EXCEÇÃO: — O INTERVALO DE 4ª FORMADO PELAS NOTAS FÁ — SI É DENOMINADO 4ª AUMENTADA POR CONTER 3 TONS.

5ª
- JUSTA — ($3\frac{1}{2}$ TONS) — EX: DÓ — RÉ — MI — FÁ — SOL (5ª JUSTA, 1T. 1T. 1/2T. 1T.) ETC.
- EXCEÇÃO: — O INTERVALO DE 5ª FORMADO PELAS NOTAS SI — FÁ É DENOMINADO 5ª DIMINUTA POR CONTER 3 TONS.

6ª
- MAIOR – (4 ½ TONS) – EX: DÓ — RÉ — MI — FÁ — SOL — LÁ ETC. (6ª M)
  1T. 1T. ½T. 1T. 1T.
- MENOR – (4 TONS) – EX: DÓ — RÉ — MI — FÁ — SOL — LÁb ETC. (6ª m)
  1T. 1T. ½T. 1T. ½T.

7ª
- MAIOR – (5 ½ TONS) – EX: DÓ — RÉ — MI — FÁ — SOL — LÁ — SI ETC. (7ª M)
  1T. 1T. ½T. 1T. 1T. 1T.
- MENOR – (5 TONS) – EX: DÓ — RÉ — MI — FÁ — SOL — LÁ — SIb ETC. (7ª m)
  1T. 1T. ½T. 1T. 1T. ½T.

8ª
- JUSTA – (6 TONS) – EX: DÓ — RÉ — MI — FÁ — SOL — LÁ — SI — DÓ ETC. (8ª JUSTA)
  1T. 1T. ½T. 1T. 1T. 1T. ½T.

9ª
- MAIOR – (7 TONS) – EX: DÓ — RÉ — MI — FÁ — SOL — LÁ — SI — DÓ — RÉ ETC. (9ª M)
  1T. 1T. ½T. 1T. 1T. 1T. ½T. 1T.
- MENOR – (6 ½ TONS) – EX: DÓ — RÉ — MI — FÁ — SOL — LÁ — SI — DÓ — RÉb ETC. (9ª m)
  1T. 1T. ½T. 1T. 1T. 1T. ½T. ½T.

OBSERVAÇÃO IMPORTANTE

OS INTERVALOS QUE FORAM APRESENTADOS NESTE QUADRO PRÁTICO PODEM TER, AINDA, OUTRAS CLASSIFICAÇÕES, COMO É MOSTRADO A SEGUIR:

INTERVALOS **MAIORES**
- ACRESCIDOS DE ½ TOM TORNAM-SE **AUMENTADOS**
- DIMINUIDOS DE ½ TOM TORNAM-SE **MENORES**

INTERVALOS **MENORES**
- ACRESCIDOS DE ½ TOM TORNAM-SE **MAIORES**
- DIMINUIDOS DE ½ TOM TORNAM-SE **DIMINUTOS**

INTERVALOS **JUSTOS**
- ACRESCIDOS DE ½ TOM TORNAM-SE **AUMENTADOS**
- DIMINUIDOS DE ½ TOM TORNAM-SE **DIMINUTOS**

EXEMPLOS PRÁTICOS DE FORMAÇÃO DOS ACORDES MAIS COMUNS

(ACORDES PRINCIPAIS DOS TONS)

Os Acordes de uso mais comum são os denominados Maiores, Menores e de Sétima (da Dominante).

ACORDES MAIORES — São formados com as 1ª, 3ª e 5ª notas das **Escalas dos Tons Maiores.**

Exemplo na Escala de DÓ MAIOR:

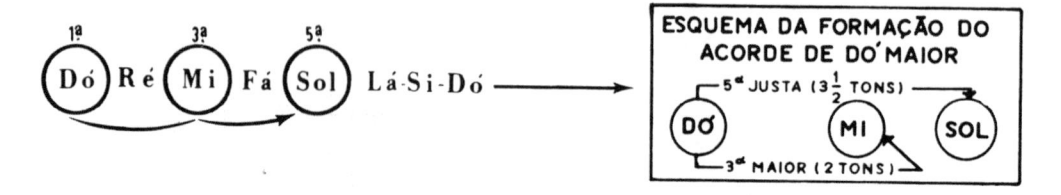

(Dó) Ré (Mi) Fá (Sol) Lá-Si-Dó ⟶

ESQUEMA DA FORMAÇÃO DO ACORDE DE DÓ MAIOR
5ª JUSTA (3½ TONS)
DÓ — MI — SOL
3ª MAIOR (2 TONS)

ACORDES MENORES — São formados com as 1ª, 3ª e 5ª notas das **Escalas dos Tons Menores.**

Exemplo na Escala de DÓ MENOR:

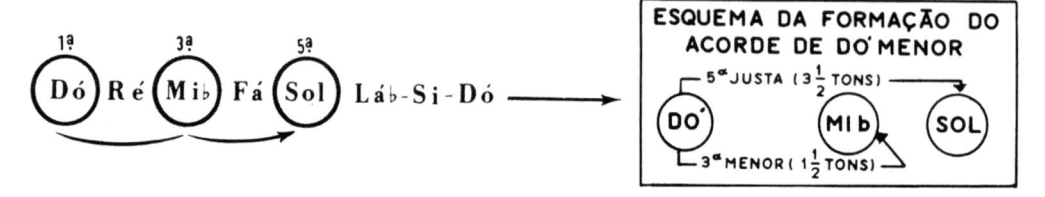

(Dó) Ré (Mib) Fá (Sol) Láb-Si-Dó ⟶

ESQUEMA DA FORMAÇÃO DO ACORDE DE DÓ MENOR
5ª JUSTA (3½ TONS)
DÓ — MIb — SOL
3ª MENOR (1½ TONS)

NOTA — Pelos exemplos acima verifica-se que — no Acorde Maior, a 3ª é **Maior** e no Acorde Menor, a 3ª é **Menor**; em ambos, a 5ª permanece **Justa**.

ACORDES DE SÉTIMA (da Dominante) — São formados com as 1ª, 3ª, 5ª e 7ª notas **a partir da Dominante** (5ª nota) das Escalas Maiores e Menores.

Exemplo nas Escalas de DÓ MAIOR e de DÓ MENOR:

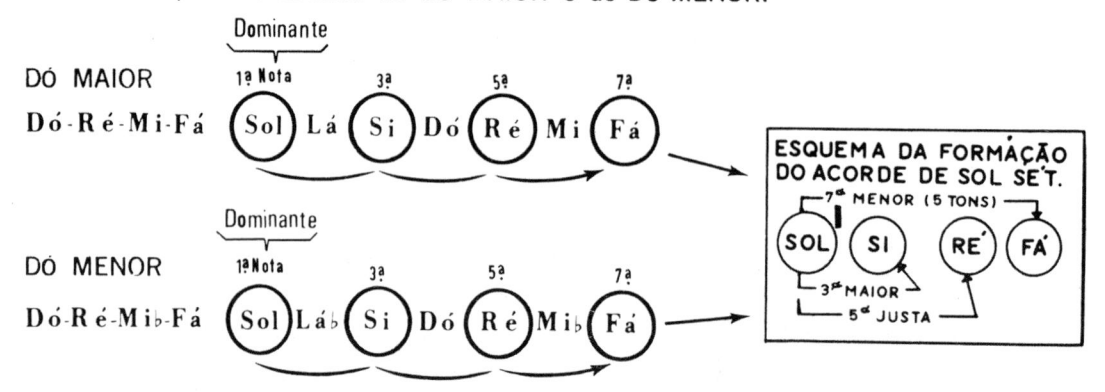

DÓ MAIOR
Dó-Ré-Mi-Fá (Sol) Lá (Si) Dó (Ré) Mi (Fá)

DÓ MENOR
Dó-Ré-Mib-Fá (Sol) Láb (Si) Dó (Ré) Mib (Fá)

ESQUEMA DA FORMAÇÃO DO ACORDE DE SOL SÉT.
7ª MENOR (5 TONS)
SOL — SI — RÉ — FÁ
3ª MAIOR
5ª JUSTA

NOTA — Os Acordes de Sétima fazem parte do grupo dos **Acordes Dissonantes**.

ACORDES DISSONANTES

São considerados Acordes Dissonantes todos aqueles que contêm, na sua formação, uma ou mais notas cujas distâncias entre si causam dissonâncias (intervalos dissonantes).

A dissonância pode ser em relação ao Baixo Fundamental do Acorde ou entre quaisquer outras de suas notas.

> NOTA — Os únicos Acordes que, na sua formação, não contêm dissonâncias, são os denominados **Perfeitos Maiores** e **Perfeitos Menores,** abreviadamente chamados **Maiores** e **Menores.**

Exemplos: Dó Maior, Dó Menor, Lá Maior, Lá Menor, etc.

A nota ou notas dissonantes de um acorde, são assinaladas junto à cifra ou ao nome do acorde por meio de números. Estes números indicam a **relação de distância** que há entre as notas dissonantes e o Baixo Fundamental do Acorde.

Por exemplo: O Acorde de DÓ MAIOR (C) é formado com as notas — Dó, Mi, Sol (é um Acorde Consonante).

Vejamos agora o caso em que a cifragem seja C6 ou Dó M6:

C6 ou Dó M6
{ o número 6, junto à cifra, está indicando que ao Acorde de Dó Maior foi adicionada a **6ª nota** a partir de Dó (ou seja, a nota Lá). Esta nota **Lá** produz dissonância com a nota **Sol,** contida no Acorde de Dó Maior. Portanto, o Acorde de Dó M6 (C6) é um **Acorde Dissonante.**

Outro exemplo: O Acorde de DÓ MENOR (Cm) é formado com as notas — Dó, Mi ♭, Sol. (Acorde Consonante).

Vejamos o caso em que a cifragem seja Cm7 ou Dó m7:

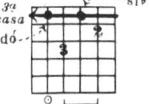

Cm7 ou Dó m7
{ o número 7 está indicando que ao Acorde de Dó Menor foi adicionada a 7ª **nota** a partir de Dó (ou seja, a nota Si ♭, porque neste acorde a 7ª é menor). Esta nota **Si** ♭ produz dissonância com a nota **Dó** que é o baixo e a fundamental do Acorde. Portanto, o Acorde de Dó m7 ou Cm7 é um **Acorde Dissonante.**

ALGUMAS REGRAS PARA EMPREGO DOS ACORDES DISSONANTES

É quase impossível determinar regras práticas para o emprego dos Acordes Dissonantes, pois depende muito do trecho musical e também do gosto do executante. Assim sendo, daremos apenas algumas regras mais comuns, cabendo lembrar que elas não são rigorosas e **somente devem ser usadas,** quando vierem, de fato, embelezar ou enriquecer o acompanhamento.

Exemplos:

Acordes Maiores (em função de 1ª ou 3ª de Tons Maiores).

Ex.: Em vez de DóM (C) — pode-se usar DóM6 (C6) ou Dó7M (C7M).

Acordes Menores (em função de 1ª ou 3ª de Tons Menores).

Ex.: Em vez de Lá m (Am) — pode se usar Lá m7 (Am7) ou Lá m6 (Am6).

Acordes com Sétima (7ª menor da Dominante) — (em função de 2ª ou Preparação de Tons Maiores ou Menores).

Exemplo: Em vez de Dó Set., Dó7 ou C7, pode-se usar

$$\text{Dó}7^{9} \text{ ou } (C7)^{9}, \quad \text{Dó}7^{-9} \text{ ou } (C7)^{-9}, \quad \text{Dó}+5^{9} \text{ ou } (C+5)^{9}, \quad \text{Dó}7^{+5} \text{ ou } (C7)^{+5}.$$

NOTA — Dependendo da melodia, estes Acordes podem também ser usados como **elemento de ligação** a outros Acordes.

Acordes de Sétima Diminuta — Podem ser usados para ligar a 1ª (Acorde da Tônica) de um Tom Maior à 2ª (Acorde de Sétima da Dominante) deste mesmo Tom. Conforme o caso, o Acorde de Sétima Diminuta a ser usado deve ser aquele cujo **baixo fundamental** se encontra a $\frac{1}{2}$ tom ou, então, a $1\frac{1}{2}$ tom acima do **baixo fundamental** da 1ª do Tom.

Por exemplo:

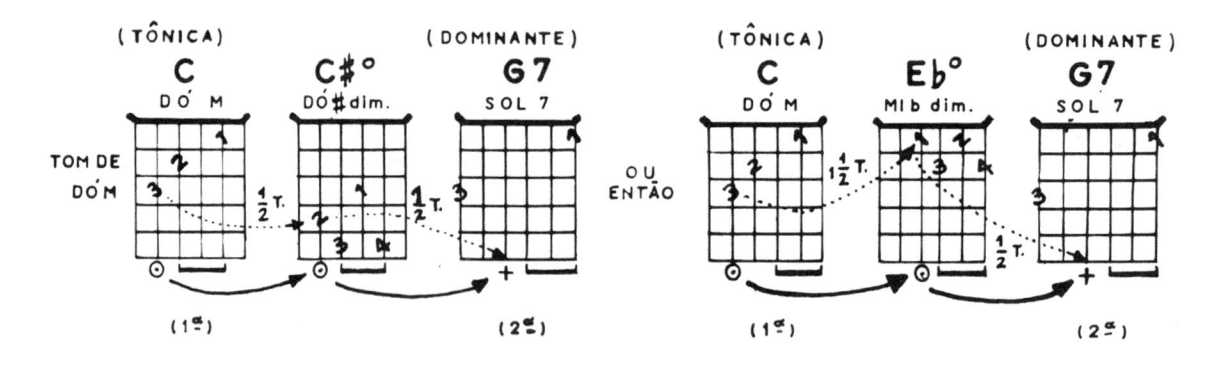

Outro exemplo: Podem também ser usados para ligar a 3ª (Acorde da Subdominante) de um Tom Maior à 1ª deste mesmo Tom. Neste caso, o Acorde de Sétima Diminuta é o que se encontra a $\frac{1}{2}$ tom acima da 3ª do Tom.

Assim:

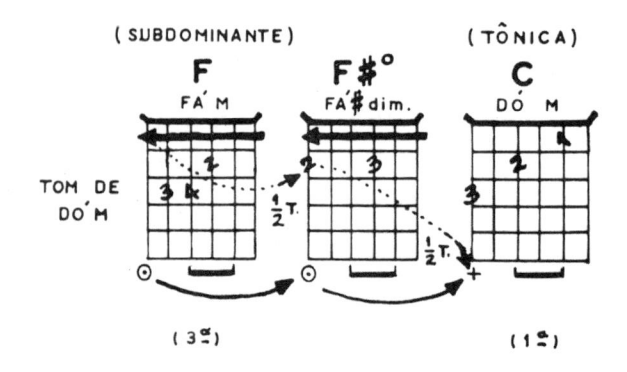

ACORDE COM 5ª AUMENTADA
(3ªM COM 5ª AUMENTADA)

EX. DE CIFRAGEM — C+5 ou DÓ M+5   ◌ ASSINALA A 5ª AUMENTADA.

EX. DA FORMAÇÃO DESTE ACORDE:

C+5 ou DÓ M+5

DÓ —— MI —— SOL#

3ª MAIOR — 5ª AUMENTADA

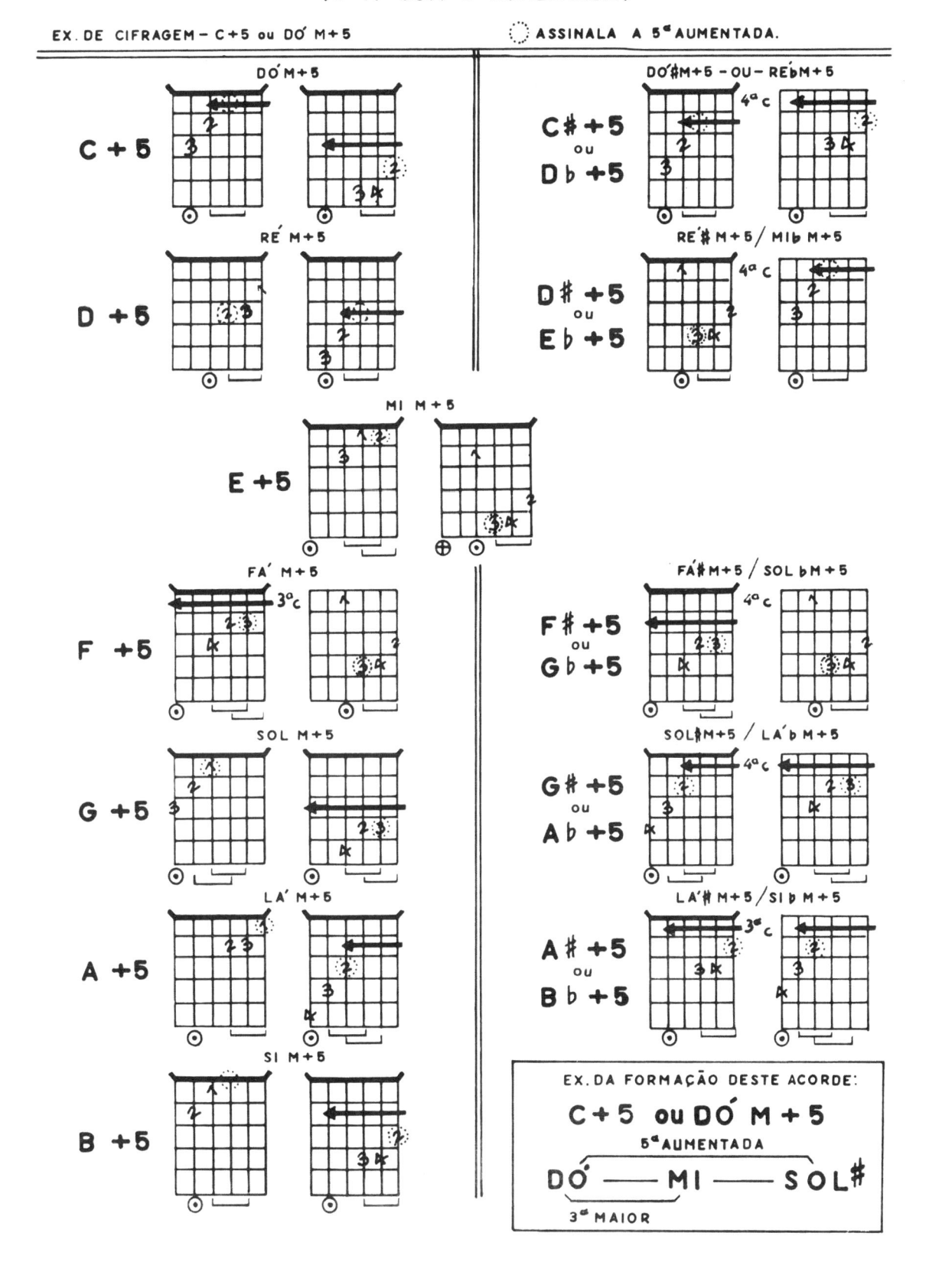

ACORDE com 7ªm e 5ª AUMENTADA
(3ªM, 7ªm E 5ª AUMENTADA)

EX. DE CIFRAGEM — C^{+5}_{7} ou $DÓ M^{+5}_{7}$

(∴) - ASSINALA A 7ª MENOR
( ) - ASSINALA A 5ª AUMENTADA

C^{+5}_{7} — DÓ M com 5ª AUM. 7ª m

$C\#^{+5}_{7}$ ou $D\flat^{+5}_{7}$ — DÓ#M/RÉ♭M com 5ª AUM. 7ª m

D^{+5}_{7} — RÉ M $^{+5}_{7}$

$D\#^{+5}_{7}$ ou $E\flat^{+5}_{7}$ — RÉ#M/MI♭M $^{+5}_{7}$

E^{+5}_{7} — MI M $^{+5}_{7}$

F^{+5}_{7} — FÁ M $^{+5}_{7}$

$F\#^{+5}_{7}$ ou $G\flat^{+5}_{7}$ — FÁ#M/SOL♭M $^{+5}_{7}$

G^{+5}_{7} — SOL M $^{+5}_{7}$

$G\#^{+5}_{7}$ ou $A\flat^{+5}_{7}$ — SOL#M/LÁ♭M $^{+5}_{7}$

A^{+5}_{7} — LÁ M $^{+5}_{7}$

$A\#^{+5}_{7}$ ou $B\flat^{+5}_{7}$ — LÁ#M/SI♭M $^{+5}_{7}$

B^{+5}_{7} — SI M $^{+5}_{7}$

EX. DA FORMAÇÃO DESTE ACORDE:

C^{+5}_{7} ou $DÓ M^{+5}_{7}$

5ª AUM. (OITAVADA)

DÓ — MI — SI♭ — SOL#

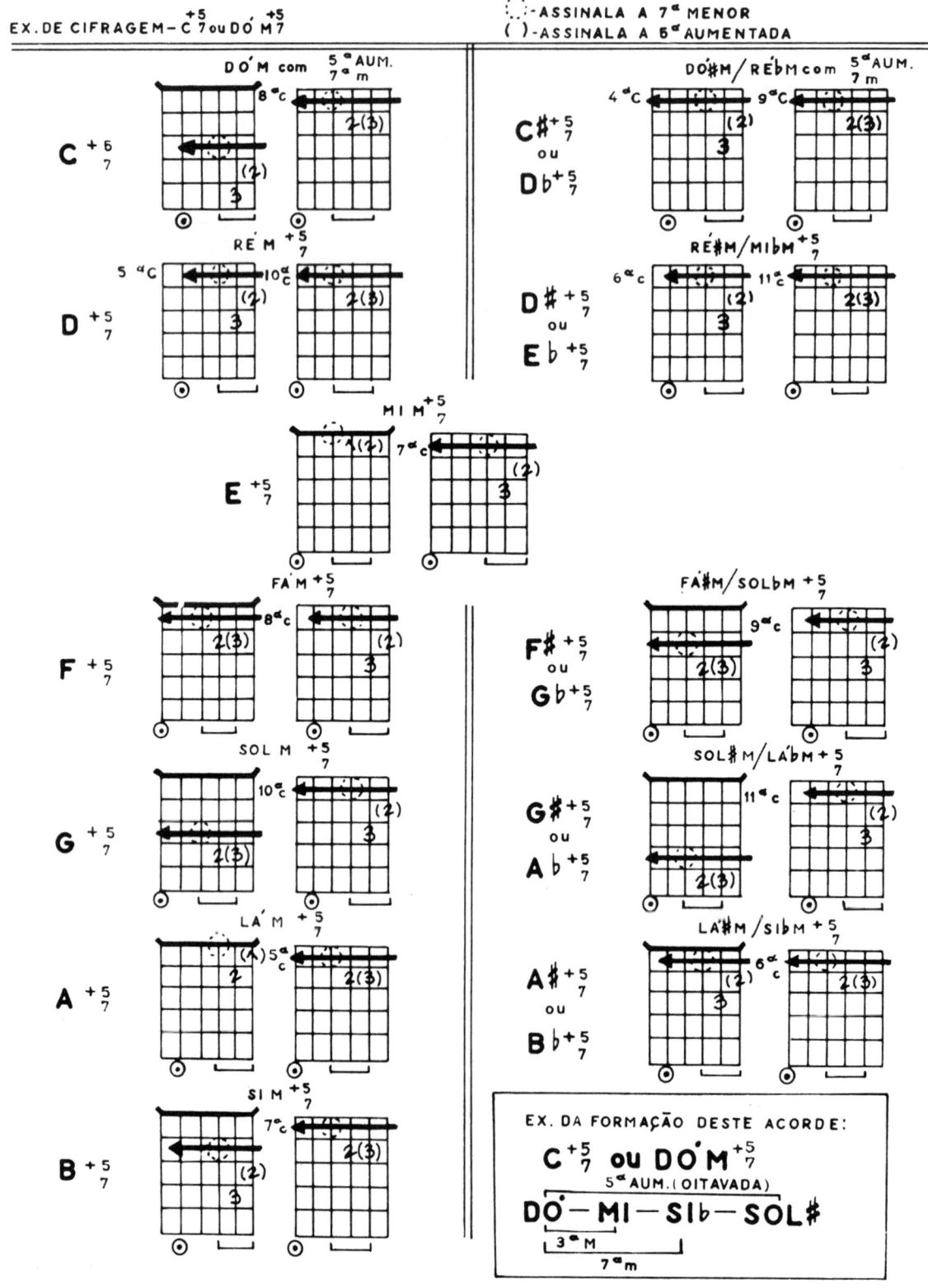

3ª M
7ª m

PRIMEIROS ACORDES AO VIOLÃO

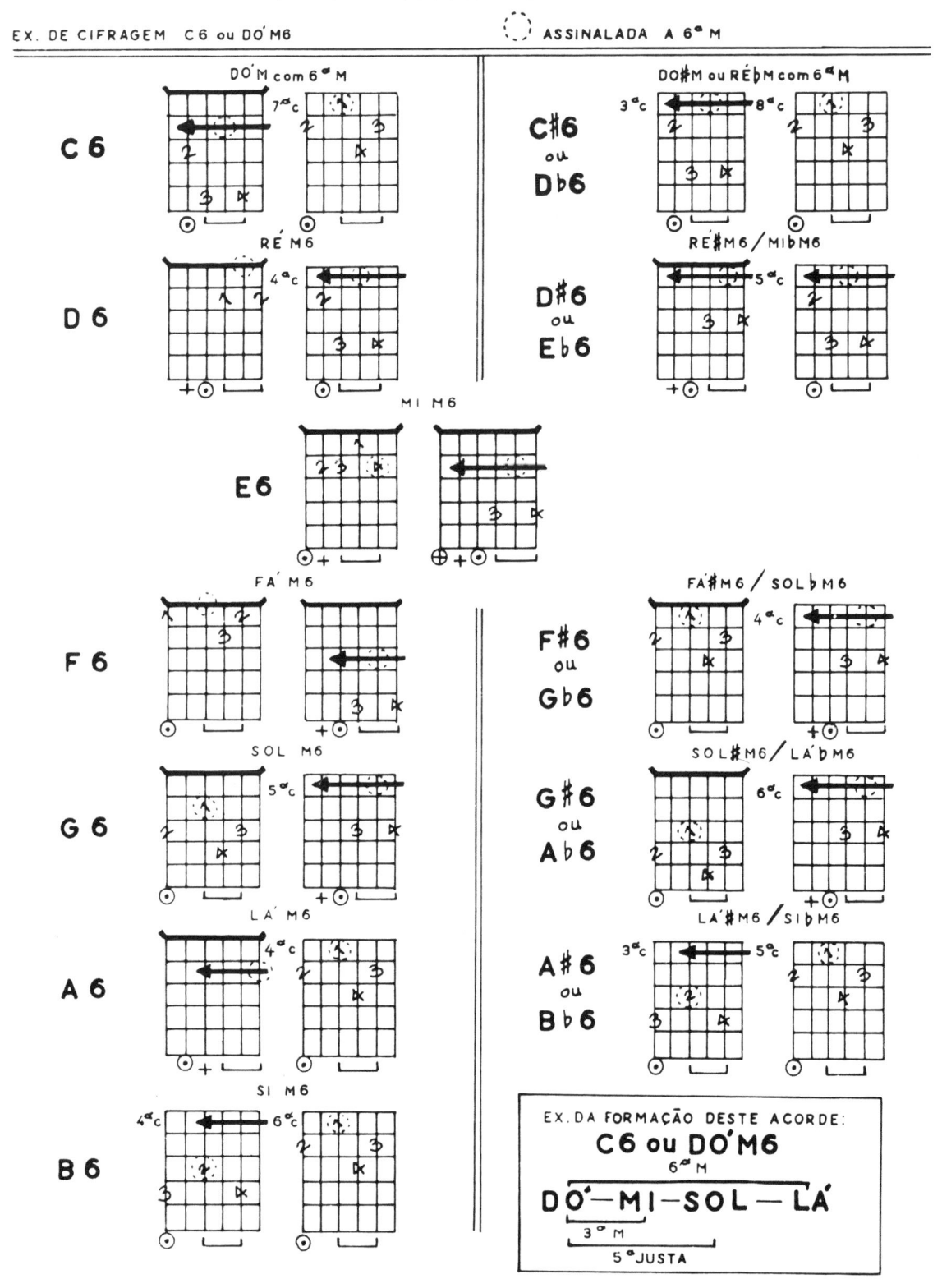

ACORDE (MAIOR) com 6ª M
(3ª M 5ª JUSTA E 6ª M)

EX. DE CIFRAGEM C6 ou DÓM6   ASSINALADA A 6ª M

C 6 — DÓ M com 6ª M	**C#6 ou Db6** — DO#M ou RÉbM com 6ª M
D 6 — RÉ M6	**D#6 ou Eb6** — RÉ#M6 / MIbM6
E 6 — MI M6	
F 6 — FÁ M6	**F#6 ou Gb6** — FÁ#M6 / SOLbM6
G 6 — SOL M6	**G#6 ou Ab6** — SOL#M6 / LÁbM6
A 6 — LÁ M6	**A#6 ou Bb6** — LÁ#M6 / SIbM6
B 6 — SI M6	EX. DA FORMAÇÃO DESTE ACORDE: **C6 ou DÓM6** — DÓ — MI — SOL — LÁ (3ª M, 5ª JUSTA, 6ª M)

ACORDE (MAIOR) com 7ªM

(3ªM, 5ª JUSTA E 7ªM)

EX. DE CIFRAGEM — C7M ou DÓM 7M   ( ) ASSINALA A 7ªM

- C7M — DÓM com 7ªM
- D7M — RÉM 7M
- E7M — MI M 7M
- F7M — FÁM 7M
- G7M — SOL M 7M
- A7M — LÁM 7M
- B7M — SI M 7M

- C#7M ou Db7M — DÓ#M / REbM com 7ªM
- D#7M ou Eb7M — RÉ#M / MIbM 7M
- F#7M ou Gb7M — FÁ#M / SOLbM 7M
- G#7M ou Ab7M — SOL#M / LÁbM 7M
- A#7M ou Bb7M — LÁ#M / SIbM 7M

EX. DA FORMAÇÃO DESTE ACORDE:
C7M ou DÓM 7M

DÓ — MI — SOL — SI

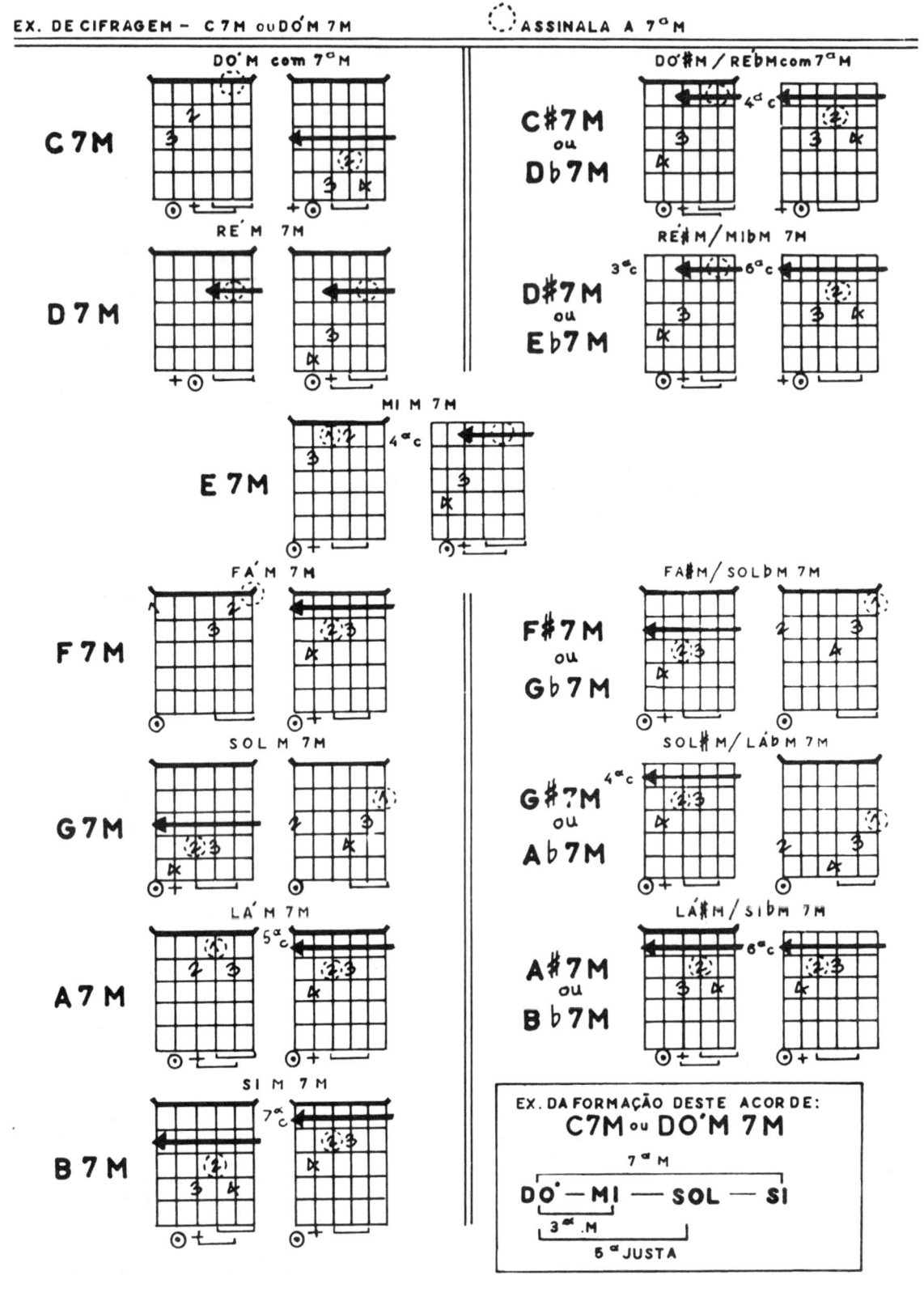

3ªM / 5ª JUSTA / 7ªM

ACORDE (menor) com 6ª M.

(3ªm, 5ª JUSTA E 6ª MAIOR)

EX. DE CIFRAGEM — Cm6 ou DÓm6   ASSINALA A 6ª M

Cm6 — DÓm com 6ª M

Dm6 — RÉm6

Em6 — MIm6

Fm6 — FÁm6

Gm6 — SOLm6

Am6 — LÁm6

Bm6 — SIm6

C#m6 ou Dbm6 — DÓ#m / RÉbm com 6ª M

D#m6 ou Ebm6 — RÉ#m / MIbm6

F#m6 ou Gbm6 — FÁ#m / SOLbm6

G#m6 ou Abm6 — SOL#m / LÁbm6

A#m6 ou Bbm6 — LÁ#m / SIbm6

EX. DA FORMAÇÃO DESTE ACORDE:

Cm6 ou DÓm6

6ª M

DÓ   MIb   SOL   LÁ

3ª m

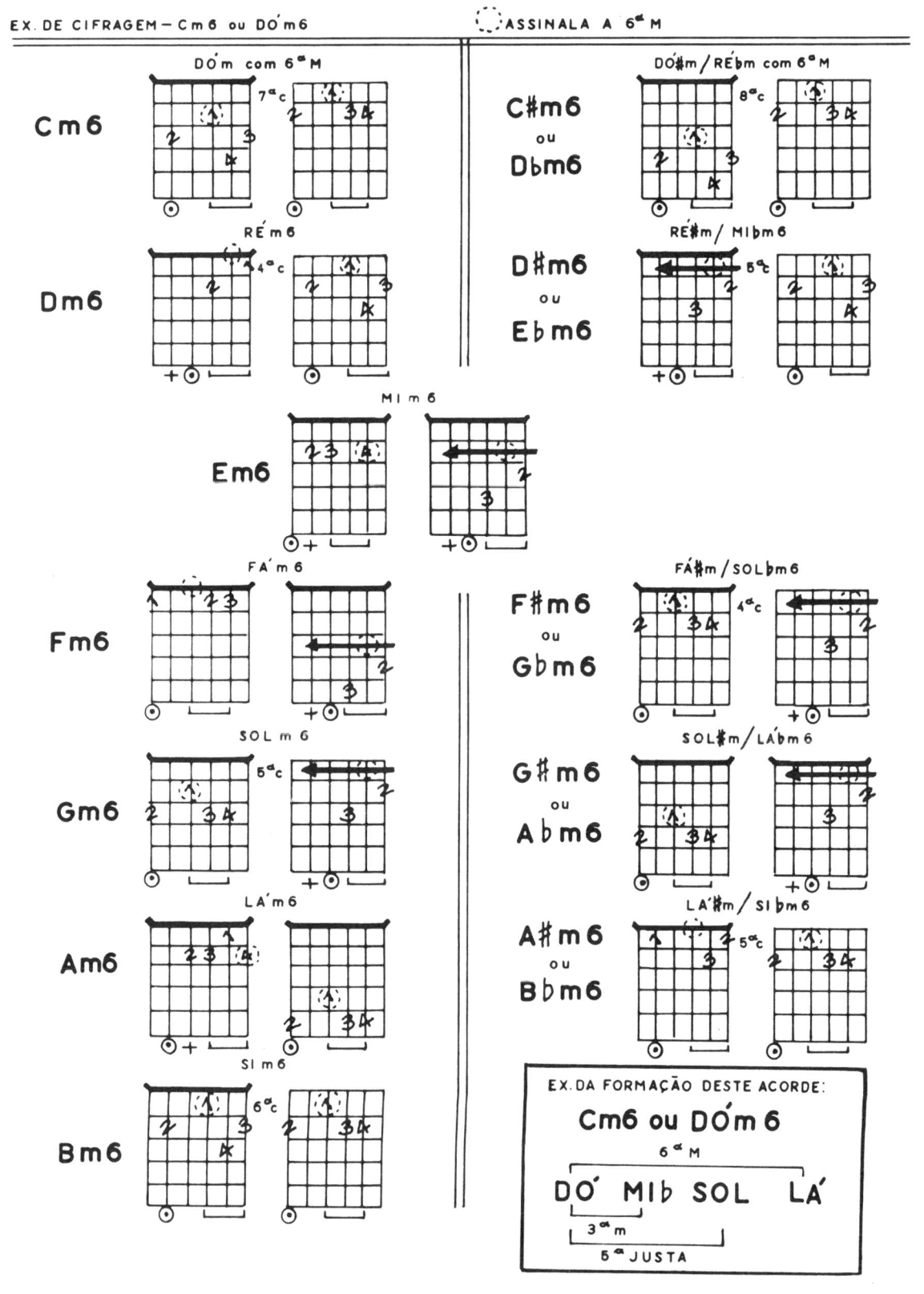

5ª JUSTA

ACORDE DE SÉTIMA DIMINUTA

OBSERVAÇÕES:

Os Acordes de Sétima Diminuta, em conseqüência da disposição de suas notas (formação), podem, para efeito de facilitar o seu emprego, serem divididos em **três grupos de quatro acordes,** ficando cada grupo composto de acordes que se substituem entre si.

Praticamente, os acordes de cada grupo, nada mais são do que **um mesmo acorde invertido,** isto é, com uma outra de suas notas no **Baixo**.

Para verificar o que foi exposto acima, basta que se execute qualquer acorde de Sétima Diminuta e, em seguida, avance a sua posição três casas à frente na qual encontraremos a sua **reprodução invertida.** Prosseguindo — sempre de três em três casas — serão encontrados todos os outros pertencentes ao mesmo grupo.

Por exemplo, execute a seqüência de acordes de Sétima Diminuta apresentada abaixo:

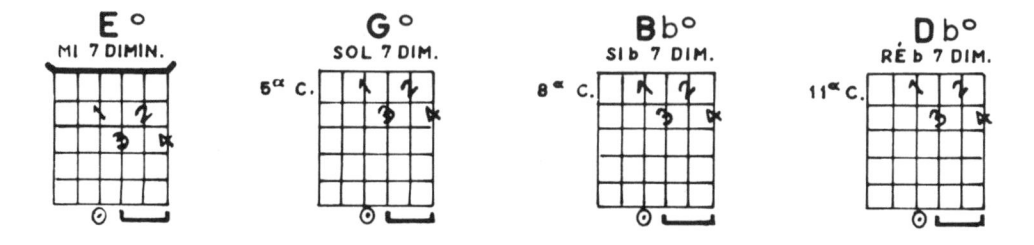

E° — MI 7 DIMIN.
G° — SOL 7 DIM. — 5ª C.
Bb° — Sib 7 DIM. — 8ª C.
Db° — RÉb 7 DIM. — 11ª C.

Conclui-se então que, podemos, praticamente, usar um dos acordes deste grupo em substituição a outro deste mesmo grupo, ficando a escolha a critério do executante.

OS 3 GRUPOS DE 4 ACORDES SÃO:

POR CIFRAS.

GRUPOS
- (A) → A°, C°, Eb°, Gb°
- (B) → E°, G°, Bb°, Db°
- (C) → B°, D°, F°, Ab°

COM NOMES.

GRUPOS
- (A) → LÁ 7 dim., DÓ 7 dim., MIb 7 dim., SOLb 7 dim.
- (B) → MI 7 dim., SOL 7 dim., SIb 7 dim., RÉb 7 dim.
- (C) → SI 7 dim., RÉ 7 dim., FÁ 7 dim., LÁb 7 dim.

ACORDE COM 7ª DIMINUTA
(3ªm, 5ª E 7ª DIMINUTA)

EX. DE CIFRAGEM: C° / Cd ou DÓ 7d / DÓ 7dim

⟨·⟩ ASSINALA A 7ªdim. — ( ) ASSINALA A 5ªdim.

C° — DÓ com 7ªdim.

D° — RÉ 7ªdim

E° — MI 7ªdim

F° — FÁ 7ªdim

G° — SOL 7ªdim

A° — LÁ 7ªdim

B° — SI 7ªdim

C#° ou Db° — DÓ#/RÉb com 7ªdim

D#° ou Eb° — RÉ#/MIb 7ªdim

F#° ou Gb° — FÁ#/SOLb 7ªdim

G#° ou Ab° — SOL#/LÁb 7ªdim

A#° ou Bb° — LÁ#/SIb 7ªdim

EX. DA FORMAÇÃO DESTE ACORDE:

C° ou DÓ dim

DÓ — MIb — SOLb — SIbb (ou LÁ)

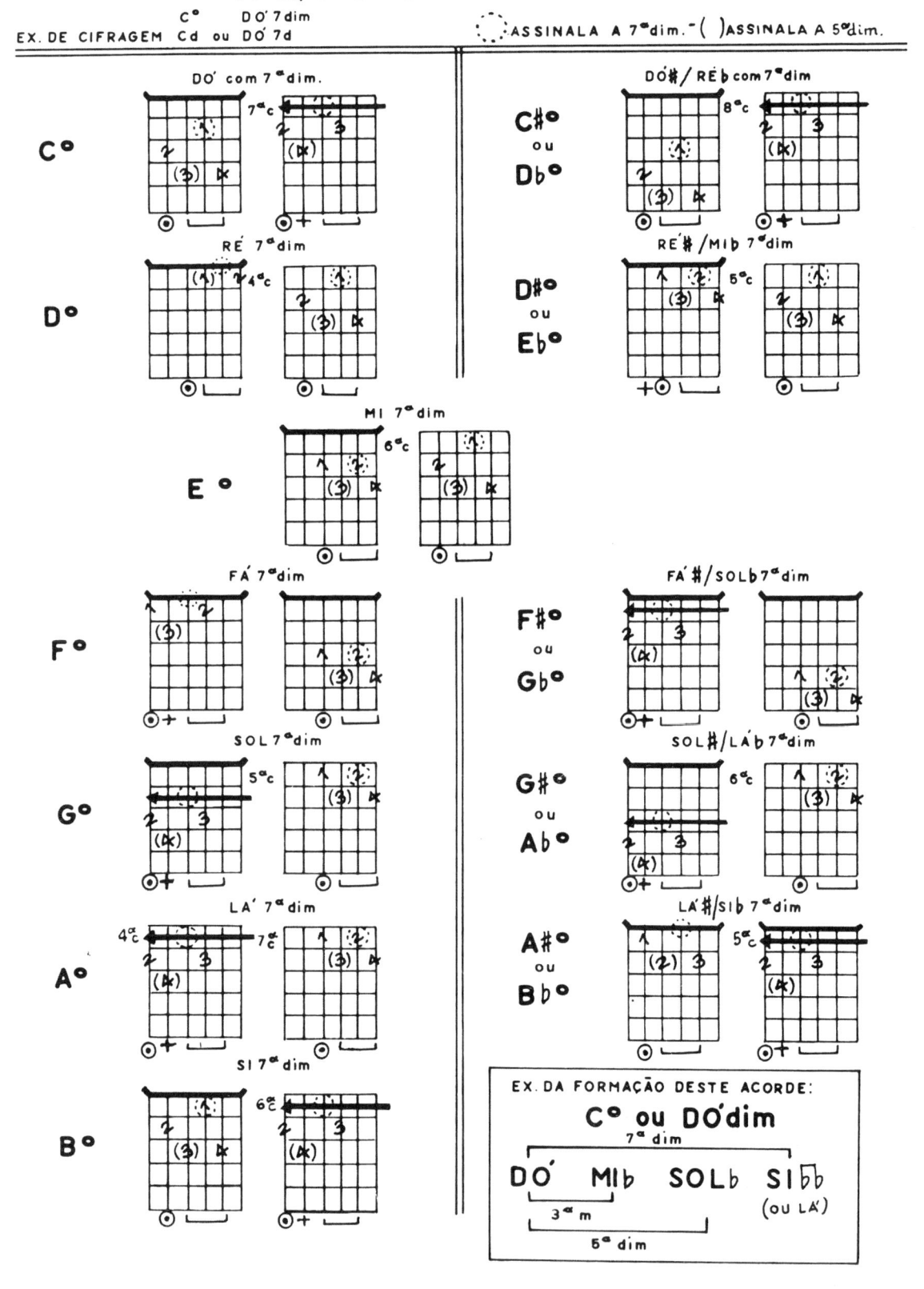

3ª m
5ª dim
7ª dim

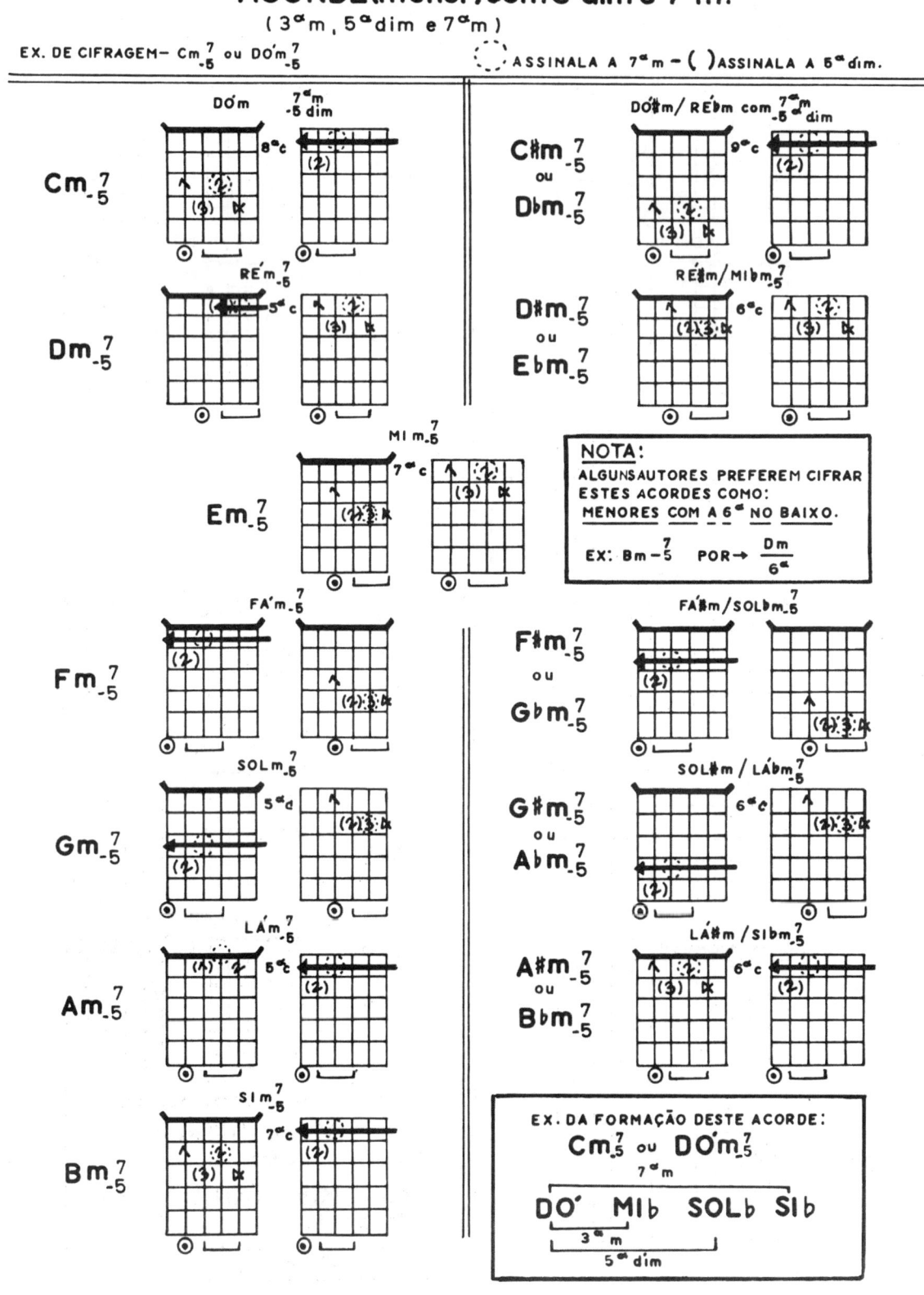

ACORDE (menor) com 5ªdim e 7ªm.
(3ªm, 5ªdim e 7ªm)

EX. DE CIFRAGEM — Cm$_{-5}^{7}$ ou DO'm$_{-5}^{7}$ ◯ ASSINALA A 7ªm — ( ) ASSINALA A 5ªdim.

NOTA:
ALGUNS AUTORES PREFEREM CIFRAR ESTES ACORDES COMO: MENORES COM A 6ª NO BAIXO.

EX: Bm$_{-5}^{7}$ POR → $\dfrac{Dm}{6ª}$

EX. DA FORMAÇÃO DESTE ACORDE:

Cm$_{-5}^{7}$ ou DO'm$_{-5}^{7}$

DO' MIb SOLb SIb

(3ªm, 5ªdim, 7ªm)

ACORDE (menor) com 7ª menor.
(3ªm, 5ª JUSTA E 7ªm)

EX. DE CIFRAGEM :- Cm7 ou DÓm 7   ASSINALA A 7ªm.

Cm7 — DÓm com 7ªm.

Dm7 — RÉm 7

Em7 — MIm 7

Fm7 — FÁm 7

Gm7 — SOLm 7

Am7 — LÁm 7

Bm7 — SIm 7

C#m7 ou Dbm7 — DÓ#m / RÉbm com 7ªm

D#m7 ou Ebm7 — RÉ#m / MIbm 7

F#m7 ou Gbm7 — FÁ#m / SOLbm 7

G#m7 ou Abm7 — SOL#m / LÁbm 7

A#m7 ou Bbm7 — LÁ#m / SIbm 7

EX. DA FORMAÇÃO DESTE ACORDE:
Cm7 ou DÓm7
7ªm
DÓ   MIb   SOL   SIb
3ªm
5ª JUSTA

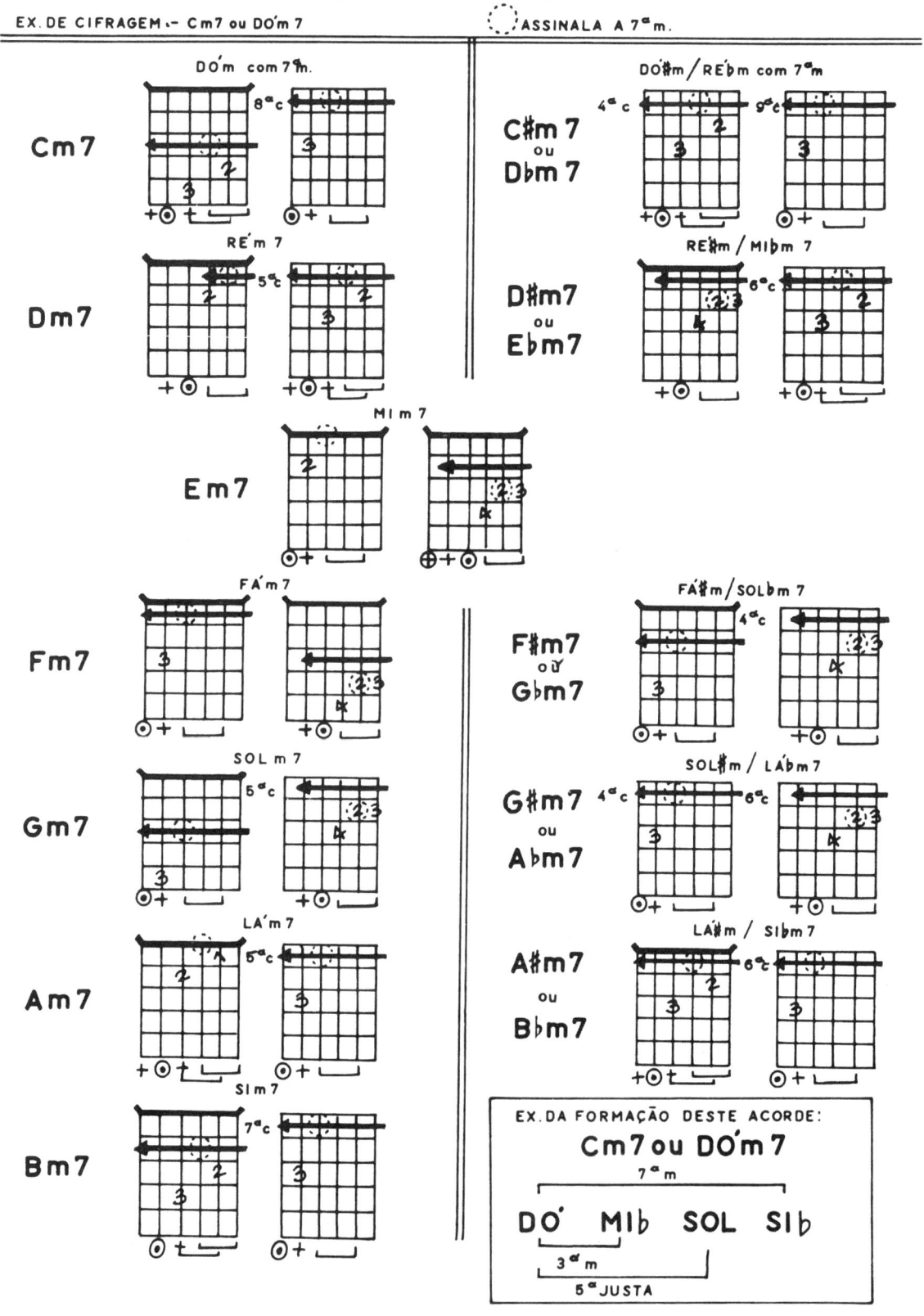

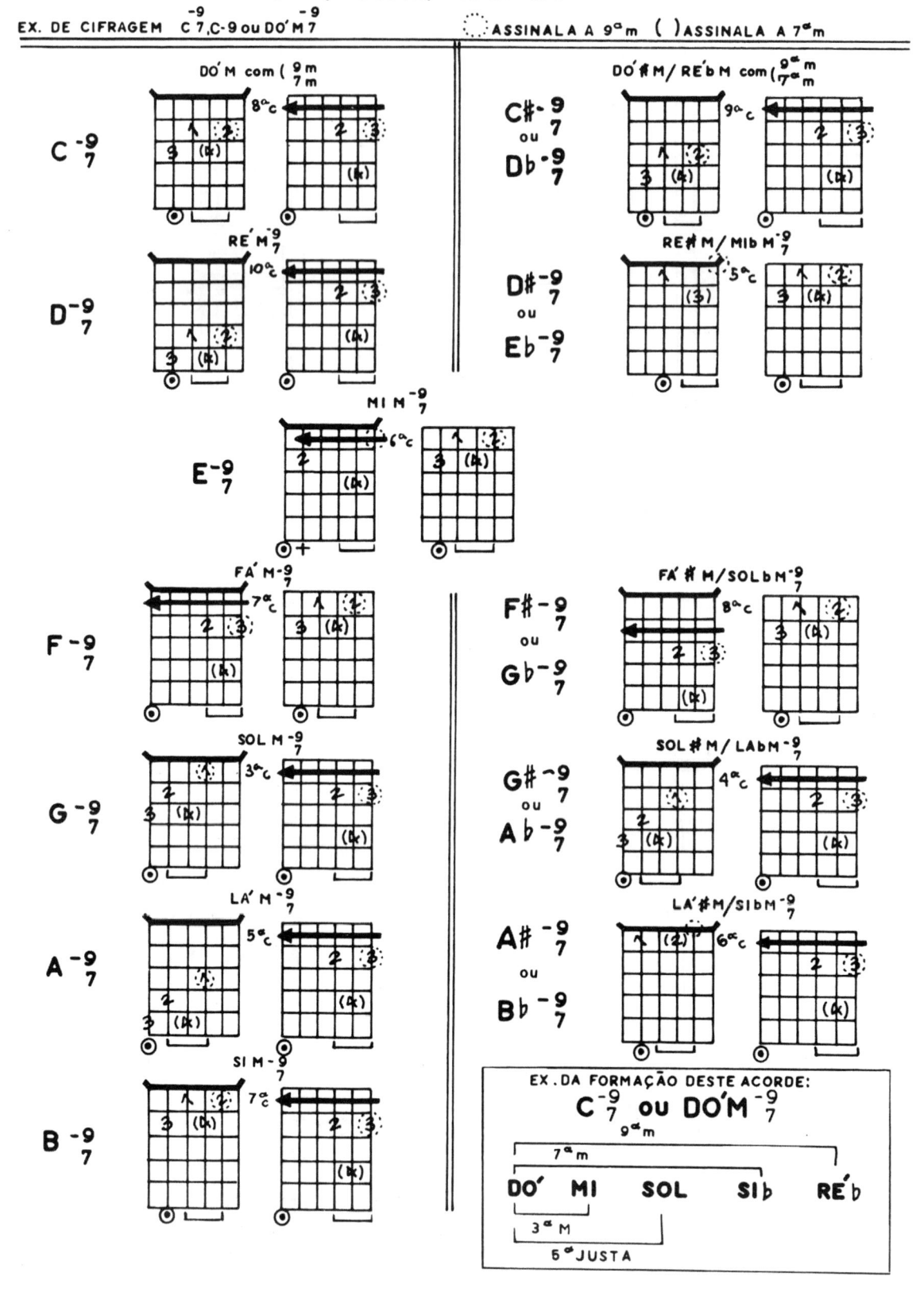

ACORDE (MAIOR) com 7ªm e 9ªm.
(3ªM, 5ªJUSTA, 7ªm e 9ªm)

EX. DE CIFRAGEM C$_7^{-9}$, C-9 ou DÓ'M7^{-9} ⋯ASSINALA A 9ªm   ( )ASSINALA A 7ªm

DÓ'M com (9m / 7m) — C$_7^{-9}$

RÉ'M$_7^{-9}$ — D$_7^{-9}$

MI M$_7^{-9}$ — E$_7^{-9}$

FÁ'M$_7^{-9}$ — F$_7^{-9}$

SOL M$_7^{-9}$ — G$_7^{-9}$

LÁ'M$_7^{-9}$ — A$_7^{-9}$

SI M$_7^{-9}$ — B$_7^{-9}$

DÓ'#M/RÉb M com (9ªm / 7ªm) — C#$_7^{-9}$ ou Db$_7^{-9}$

RÉ#M/MIb M$_7^{-9}$ — D#$_7^{-9}$ ou Eb$_7^{-9}$

FÁ'#M/SOLb M$_7^{-9}$ — F#$_7^{-9}$ ou Gb$_7^{-9}$

SOL#M/LAb M$_7^{-9}$ — G#$_7^{-9}$ ou Ab$_7^{-9}$

LÁ'#M/SIb M$_7^{-9}$ — A#$_7^{-9}$ ou Bb$_7^{-9}$

EX. DA FORMAÇÃO DESTE ACORDE:

$$C_7^{-9} \text{ ou DÓ'M}_7^{-9}$$

DÓ' — MI — SOL — SIb — RÉb

3ªM, 5ªJUSTA, 7ªm, 9ªm

ACORDE (MAIOR) com 7ªm e 9ª MAIOR

(3ªM, 5ªJUSTA, 7ªm e 9ªMAIOR)

EX. DE CIFRAGEM — C7⁹, C9 ou DÓM 7⁹ — ◌ ASSINALA A 9ªM — ( ) ASSINALA A 7ªm

EX. DA FORMAÇÃO DESTE ACORDE:

Cm⁹⁄₇ ou DÓm⁹⁄₇

DÓ' – MI – SOL – SIb – RÉ'

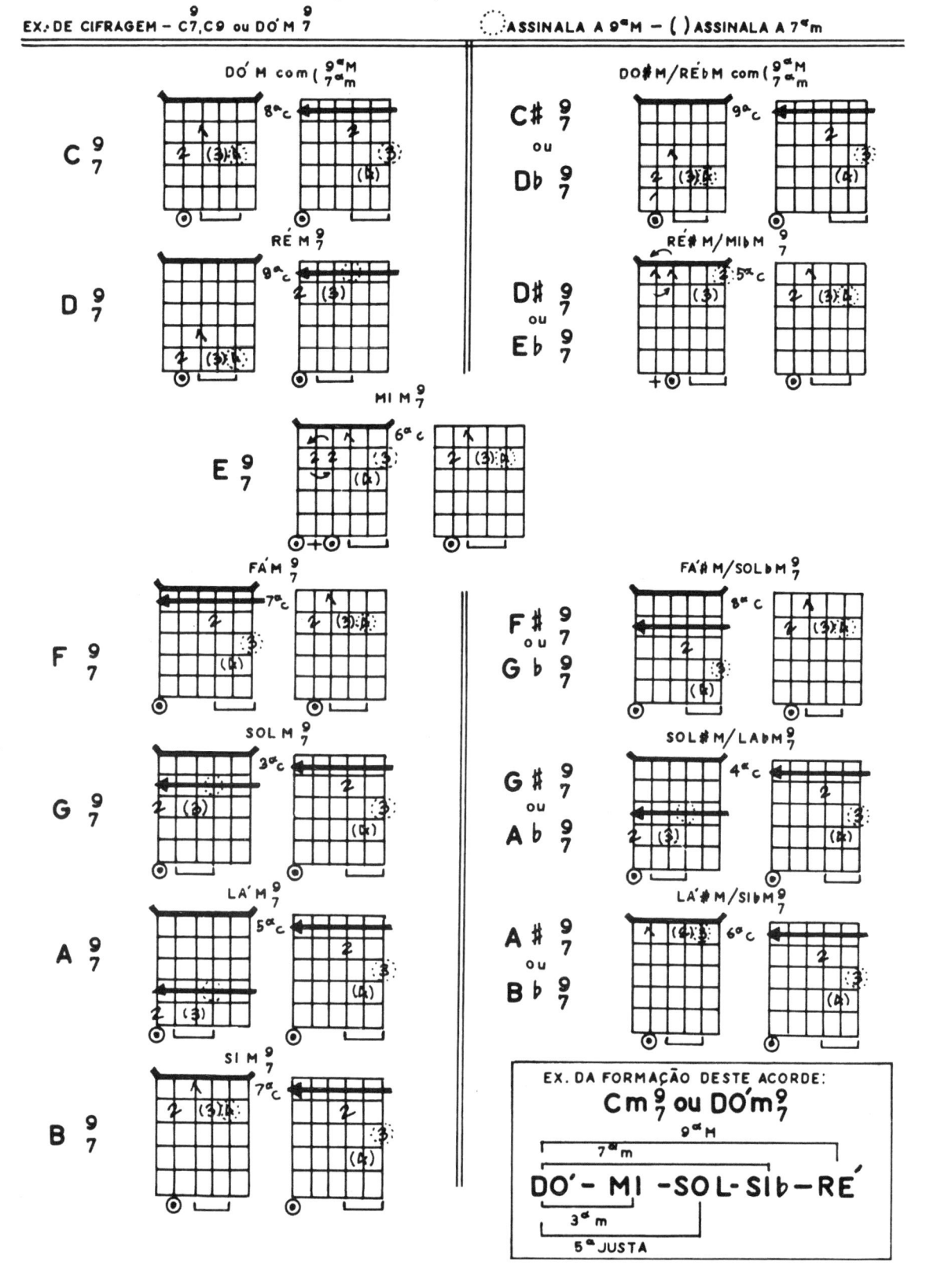

- 3ª m
- 5ª JUSTA
- 7ª m
- 9ª M

ACORDE (menor) com 7ªm e 9ªM.

(3ªm, 5ªJUSTA, 7ªm e 9ªMAIOR)

EX. DE CIFRAGEM Cm$^9_7$ ou DO'm$^9_7$ ⊙ ASSINALA A 9ªM   ( ) ASSINALA A 7ªm

Cm$^9_7$ — DÓm com (9ªM / 7ªm)

Dm$^9_7$ — RÉm$^9_7$

Em$^9_7$ — MIm$^9_7$

Fm$^9_7$ — FÁm$^9_7$

Gm$^9_7$ — SOLm$^9_7$

Am$^9_7$ — LÁm$^9_7$

Bm$^9_7$ — SIm$^9_7$

C#m$^9_7$ ou D♭m$^9_7$ — DÓ#m/RÉ♭m com (9ªM / 7ªm)

D#m$^9_7$ ou E♭m$^9_7$ — RÉ#m/MI♭m$^9_7$

F#m$^9_7$ ou G♭m$^9_7$ — FÁ#m/SOL♭m$^9_7$

G#m$^9_7$ ou A♭m$^9_7$ — SOL#m/LÁ♭m$^9_7$

A#m$^9_7$ ou B♭m$^9_7$ — LÁ#m/SI♭m$^9_7$

EX. DA FORMAÇÃO DESTE ACORDE:

Cm$^9_7$ ou DO'm$^9_7$

DÓ' − MI♭ − SOL − SI♭ − RÉ'

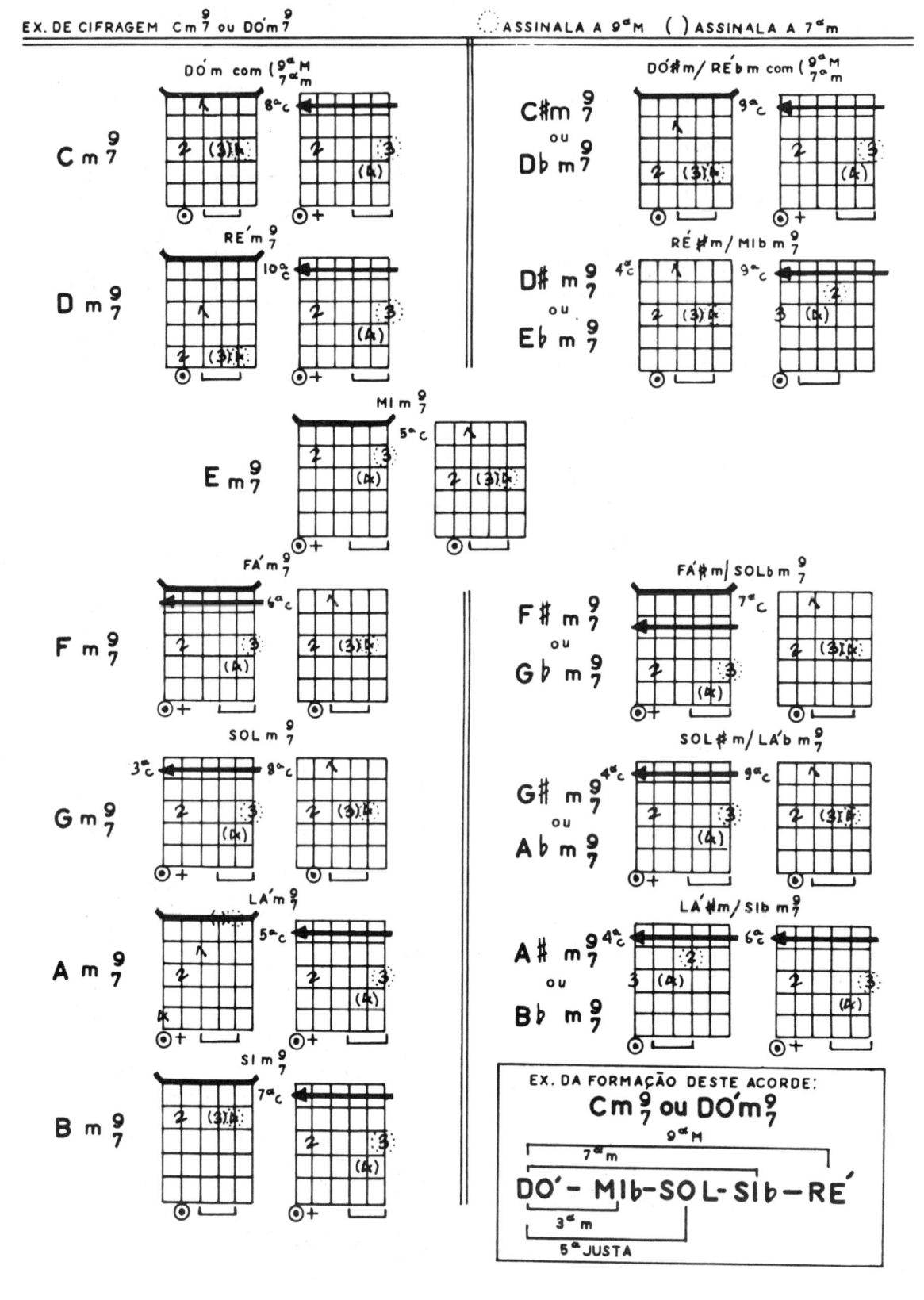

(3ªm, 5ªJUSTA, 7ªm, 9ªM)

ESTADO FUNDAMENTAL E INVERSÕES DO ACORDE

A nota sobre a qual o Acorde é formado chama-se FUNDAMENTAL.

Como vimos na página 52, o Acorde de Dó Maior é formado com as notas DÓ — MI — SOL; a nota DÓ, neste caso, é a **fundamental**, porque é sobre ela que se forma este Acorde.

As outras notas — MI e SOL — são designadas pelo número correspondente ao intervalo que há entre elas e a **fundamental** (nota DÓ).

Exemplo com o Acorde de Dó Maior:

DÓ	MI	SOL
FUNDAMENTAL	3ª	5ª

Exemplo com o Acorde de Sol Sétima (menor):

SOL	SI	RÉ	FÁ
FUNDAMENTAL	3ª	5ª	7ª

Nestas condições, se diz que estes Acordes estão no seu ESTADO FUNDAMENTAL, porque a nota **fundamental está no Baixo**, ou seja, é a nota mais grave.

Entretanto, se uma das outras notas for colocada como baixo, se diz, então, que o Acorde está INVERTIDO. Portanto, qualquer Acorde que não esteja com a sua fundamental no baixo — será um **Acorde Invertido.**

RESUMO DA CLASSIFICAÇÃO DO ESTADO DOS ACORDES

Acordes de três sons (diferentes):

Estado Fundamental — quando a fundamental está no baixo.

1ª Inversão — quando a sua 3ª está no baixo.

2ª Inversão — quando a sua 5ª está no baixo.

Acordes de quatro sons (diferentes):

Estado Fundamental — quando a fundamental está no baixo.

1ª Inversão — quando a sua 3ª está no baixo.

2ª Inversão — quando a sua 5ª está no baixo.

3ª Inversão — quando a sua 7ª está no baixo.

Acordes de cinco sons (diferentes):

Estado Fundamental — quando a fundamental está no baixo.

1ª Inversão — quando a sua 3ª está no baixo.

2ª Inversão — quando a sua 5ª está no baixo.

3ª Inversão — quando a sua 7ª está no baixo.

Observação: No Acorde de Nona (acorde de 5 sons), a quarta inversão, aparentemente possível, é entretanto proibida por regras de Música, porque se a 9ª for colocada no baixo ela deixará de formar o intervalo de Nona em relação a sua fundamental — que é a característica importante deste Acorde.

CIFRAGEM DOS ACORDES INVERTIDOS

Embora existam várias maneiras de cifrar ou nomear os Acordes Invertidos, as mais práticas e usadas são explicadas a seguir:

a) Somente por letras (abreviada):

A letra superior corresponde à cifragem normal do **acorde.**

A letra inferior, separada por um traço, corresponde à cifragem da nota correspondente ao **baixo.**

Exemplos: $\frac{C}{G}$ $\frac{B7}{F\sharp}$ $\frac{Dm}{F}$ $\frac{Am}{E}$ *etc.*

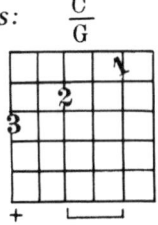

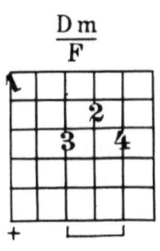

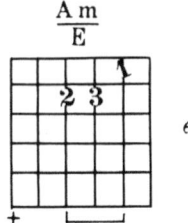

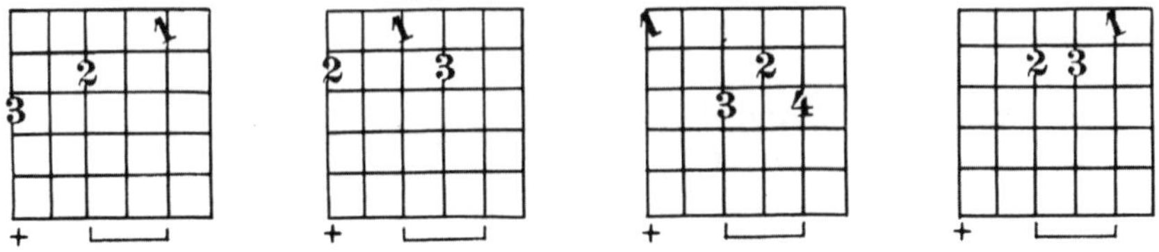

b) Por letras e números (abreviada):

A letra superior corresponde à cifragem normal do **acorde.**

O algarismo inferior, separado por um traço, corresponde à designação numérica do **baixo,** de acordo com o intervalo que há entre ele e a fundamental do acorde.

Exemplos: $\frac{C}{5}$ $\frac{B7}{5}$ $\frac{Dm}{3}$ $\frac{Am}{5}$ *etc.*

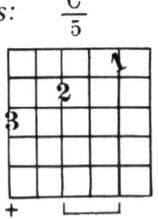

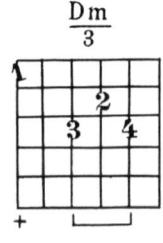

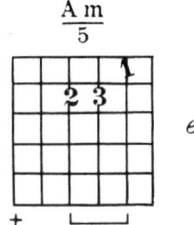

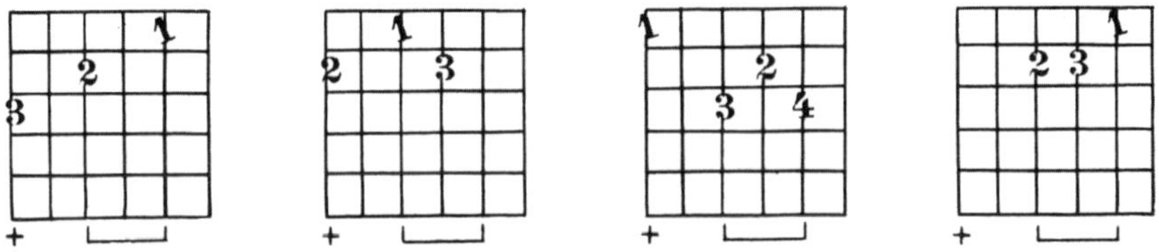

c) Nome do acorde e baixos por números (semi-abreviada):

Na parte superior o nome do **acorde** (p/extenso).

Na parte inferior, separado por um traço, a designação numérica do **baixo.**

Exemplos: $\frac{Dó M}{5}$ $\frac{Si 7}{5}$ $\frac{Ré m}{3}$ $\frac{Lá m}{5}$ *etc.*

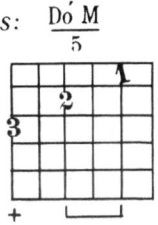

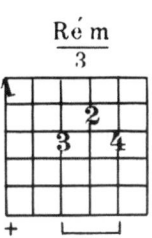

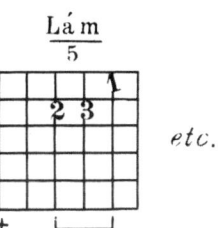

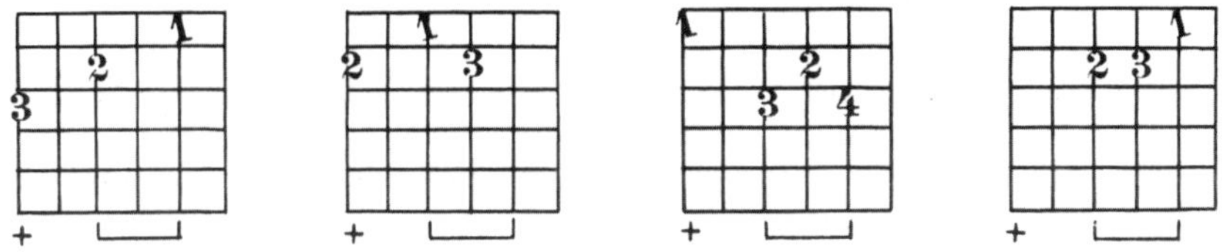

d) **Nome do acorde e nome da nota do baixo** (por extenso):

Na parte superior o nome do **acorde**.

Na parte inferior, separado por um traço, o nome da nota **baixo**.

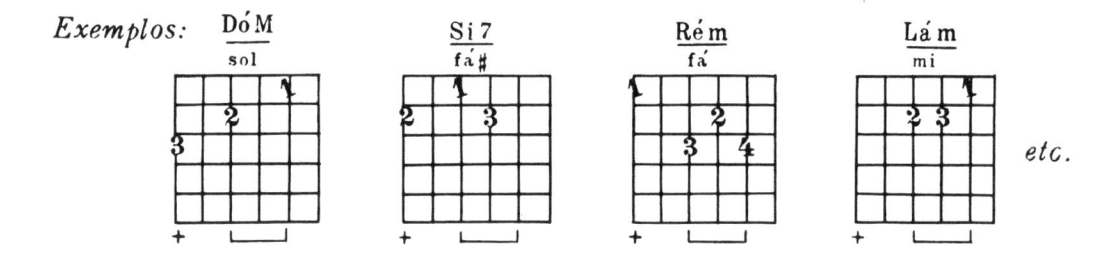

Exemplos:

$\frac{\text{Dó M}}{\text{sol}}$ $\frac{\text{Si 7}}{\text{fá}\sharp}$ $\frac{\text{Ré m}}{\text{fá}}$ $\frac{\text{Lá m}}{\text{mi}}$ *etc.*

NOTA — Nos exemplos que foram dados, as cifragens foram colocadas em sentido vertical, por parecerem mais lógicas, mas podem também ser feitas em sentido horizontal.

No caso de preferência pela cifragem horizontal, será mais aconselhável fazer-se a indicação dos **baixos** com letras ou números um pouco menores para que não possa ser confundida com as cifragens dos acordes mais comumente usados.

Exemplos em sentido horizontal das cifragens apresentadas anteriormente:

a) – C/G | B7/F♯ | Dm/F | Am/E

b) – C/5 | B7/5 | Dm/3 | Am/5

c) – Dó M/5 | Si 7/5 | Ré m/3 | Lá m/5

d) – Dó M/Sol | Si 7/Fá♯ | Ré m/Fá | Lá m/Mi

DUPLICAÇÃO OU DOBRAMENTO DE NOTAS NO ACORDE

Nos Acordes, algumas de suas notas podem aparecer em dobro pois isto em nada altera a sua classificação. O que se deve evitar é — dobrar uma determinada nota e excluir uma outra que faz parte da composição do acorde, principalmente a sua nota **fundamental**.

No caso dos Acordes Dissonantes, deve-se evitar ao máximo o dobramento de suas notas dissonantes.

SUPRESSÃO DE NOTAS NOS ACORDES DISSONANTES

Havendo necessidade, pode-se também, suprimir certas notas num acorde dissonante.

Por exemplo:

Nos Acordes de Sétima da Dominante (2ª do Tom) e no Acorde de Nona, pode-se excluir a 5ª do acorde.

No Acorde de Sétima Diminuta e no Acorde de 5ª Diminuta e 7ª menor, pode-se excluir a 3ª do acorde.

EXEMPLOS DE SEQÜÊNCIAS HARMÔNICAS

(EMPREGANDO TAMBÉM ACORDES INVERTIDOS)

Executando-se a série de acordes dos exemplos seguintes, poderá ser observado o emprego do recurso de algumas inversões. Com isso, os baixos dos diferentes acordes ficaram mais próximos tornando o encadeamento melhor e o efeito harmônico do conjunto mais suave e agradável.

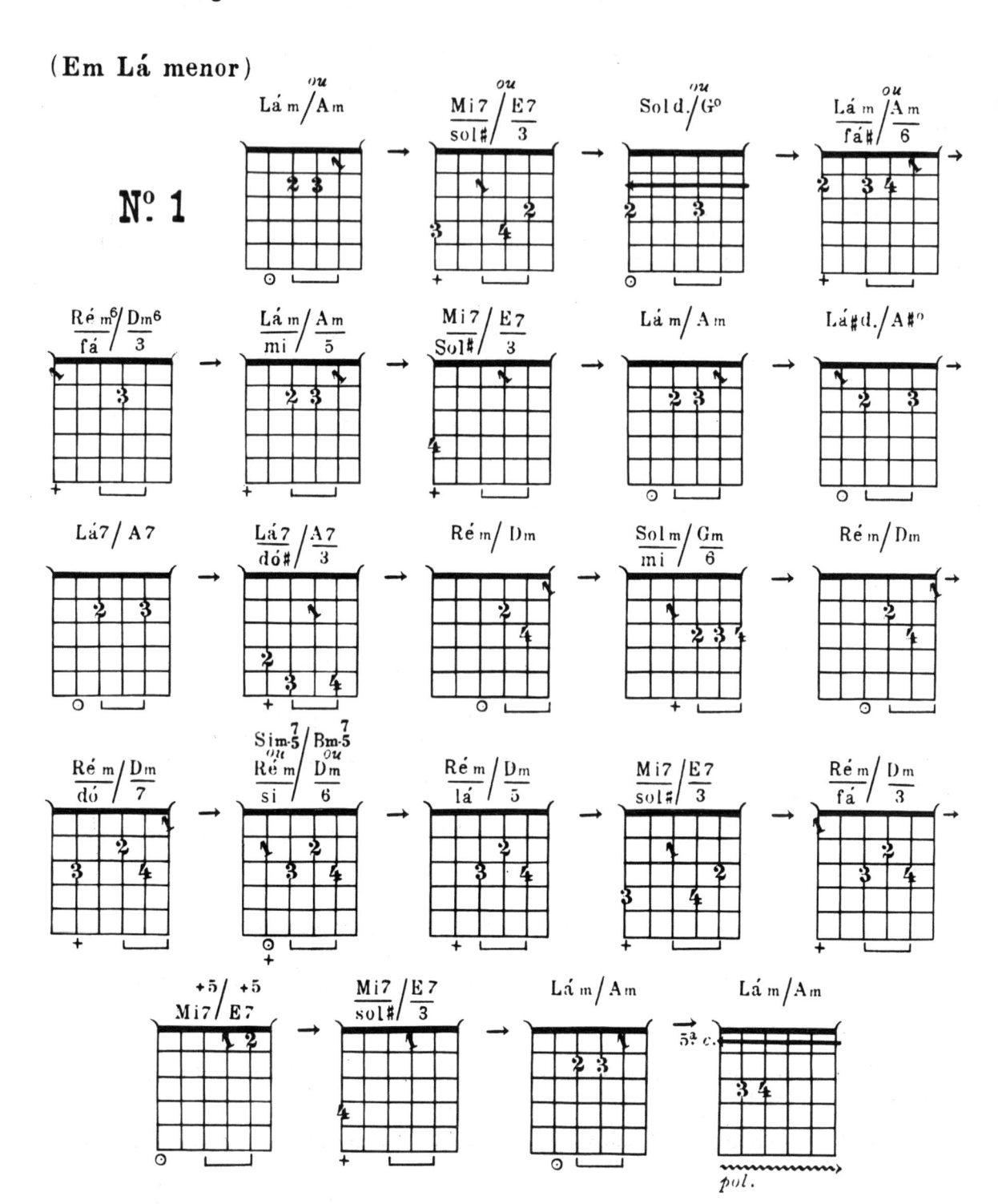

(Em Lá menor)

Nº 1

OUTRO EXEMPLO DE SEQÜÊNCIA HARMÔNICA

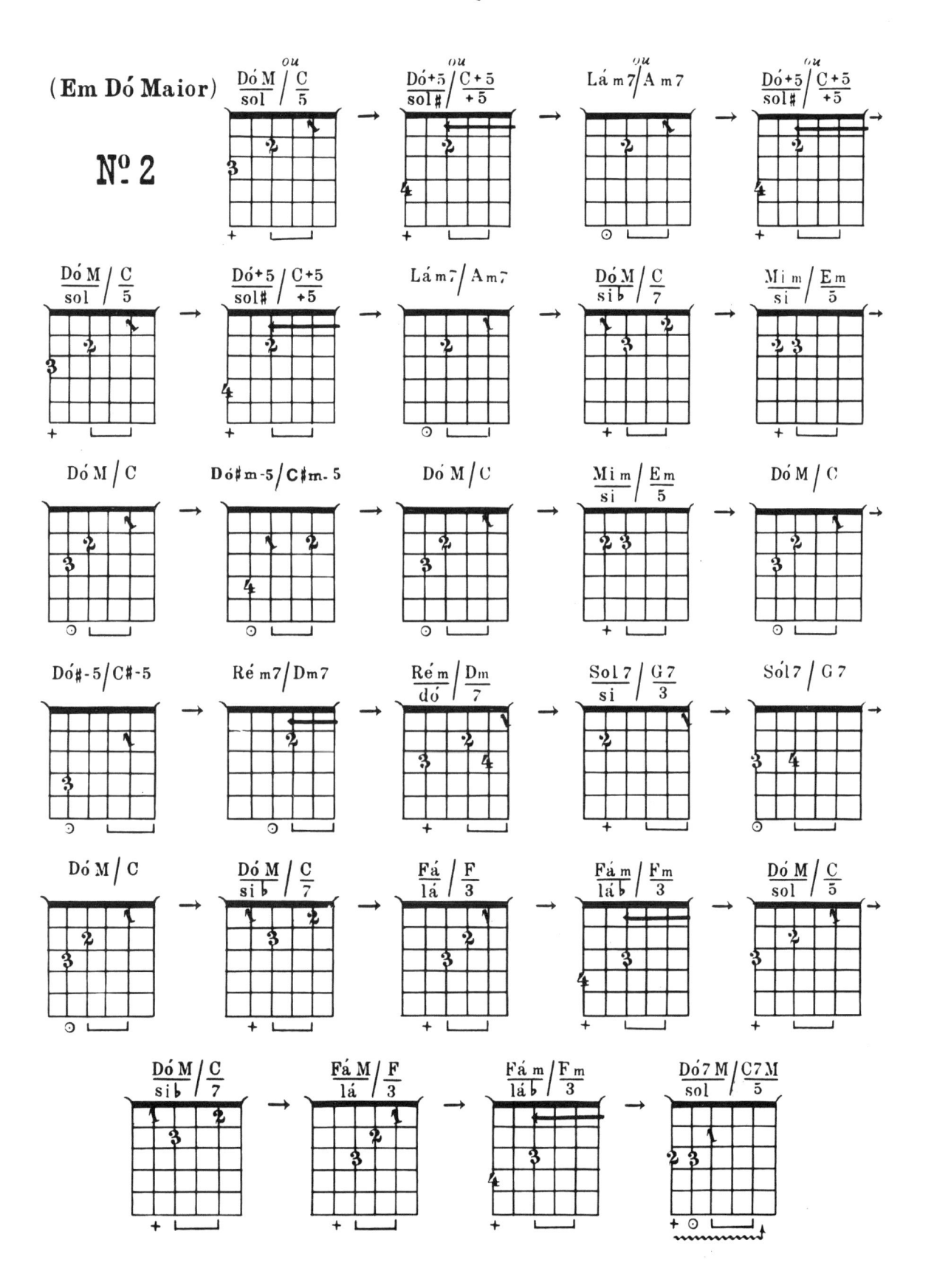

(Em Dó Maior)

N.º 2

TABELA DAS CIFRAGENS USADAS NESTE MÉTODO
(INTERPRETAÇÃO DAS LETRAS, NÚMEROS E SINAIS COMPLEMENTARES)

PARA ACORDES COM BASE DE 3ª MAIOR (MAIORES):

Somente uma letra **maiúscula** — indica Acorde Maior (vide detalhes nas páginas 11, 12 e 13).

M — lê-se — maior

$+5$ — lê-se — com 5ª aumentada

6 — lê-se — com 6ª maior

7 — lê-se — com 7ª menor

$+^5_7$ — lê-se — com 7ª menor e 5ª aumentada

$7M$ — lê-se — com 7ª maior

-9 ou 7^{-9} — lê-se — com 7ª menor e 9ª menor

9 ou 7^9 — lê-se — com 7ª menor e 9ª maior

PARA ACORDES COM BASE DE 3ª MENOR (MENORES):

Letra maiúscula seguida de um **m** (minúsculo), indica Acorde Menor (vide detalhes nas páginas 11, 12 e 13).

m — lê-se — menor

-5 — lê-se — com 5ª diminuta

$-^5_7$ — lê-se — com 5ª diminuta e 7ª menor

$m6$ — lê-se — menor com 6ª maior

$m7$ — lê-se — menor com 7ª menor

d, dim. ou $°$ — lê-se — com 7ª diminuta

$m9$ ou $m7^9$ — lê-se — menor com 7ª menor e 9ª maior

NOTA — Sobre as cifragens dos Acordes Invertidos, (vide páginas 68, 69 e 70).

QUADRO GERAL DO BRAÇO DO VIOLÃO.
POR CIFRAS

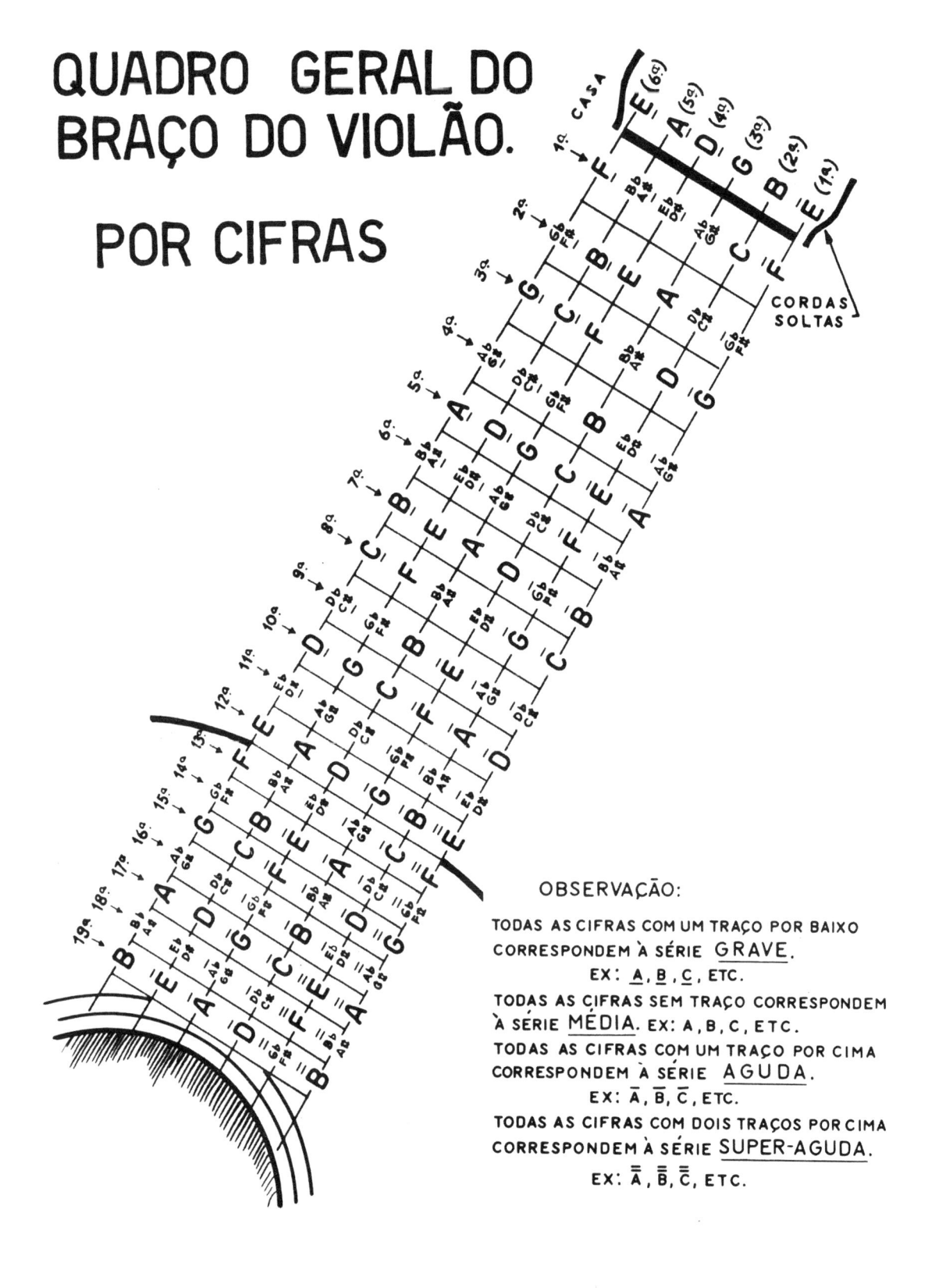

OBSERVAÇÃO:

TODAS AS CIFRAS COM UM TRAÇO POR BAIXO CORRESPONDEM À SÉRIE GRAVE.
EX: A, B, C, ETC.

TODAS AS CIFRAS SEM TRAÇO CORRESPONDEM À SÉRIE MÉDIA. EX: A, B, C, ETC.

TODAS AS CIFRAS COM UM TRAÇO POR CIMA CORRESPONDEM À SÉRIE AGUDA.
EX: Ā, B̄, C̄, ETC.

TODAS AS CIFRAS COM DOIS TRAÇOS POR CIMA CORRESPONDEM À SÉRIE SUPER-AGUDA.
EX: Ā̄, B̄̄, C̄̄, ETC.